반도체 대전
2030

반도체 대전 2030

글로벌 반도체 패권 다툼이 불러올 새로운 미래

황정수 지음

한국경제신문

반도체는 정보를 저장하고 데이터를 연산, 처리하는 등의 역할을 하는 부품이다. 쉽게 말해 전자기기의 뇌다. 냉장고, 세탁기, 스마트폰, TV 등 가전 제품부터 공장의 각종 설비까지 반도체가 안 들어가는 곳을 찾기 어렵다. 반도체가 '산업의 쌀'로 불리는 이유다.

인공지능(AI)과 5G 등 신기술의 발전으로 반도체의 중요성은 더 커졌다. 반도체는 자율주행차, 슈퍼컴퓨터 등 미래 인류의 삶을 풍족하게 할 기기의 성능을 좌우한다. 이런 이유로 최근엔 전통적인 반도체 기업 뿐만 아니라 구글, 아마존, 테슬라까지 칩을 직접 개발하겠다고 선언했다.

반도체는 전공자들과 관련 기업 종사자들이 다루는 진입장벽이 높은 학문이자 산업이었다. 하지만 최근 들어 국민적인 관심이 커졌는데, 반도체가 한국 경제를 떠받치고 있다는 것을 국민들이 알게 됐기 때문이다. 일본의 대(對) 한국 반도체 소재 수출규제, 미국의 중국 반도체 기업 제재 등의 영향이 크다.

저자는 15년 간 경제 산업 분야 언론인으로 활동하면서 축적한 본인만의 노하우를 통해 반도체 산업을 둘러싼 전 세계적인 무한 경쟁에 대한 서적을 집필했다. 특히 2019년부터 현재까지 산업부 기자로서 반도체 산업을 담당하면서 취재한 이야기가 이 책에 녹아 있다. 한 줄 한 줄 읽는 동안 저자가 독자들이 쉽게 이해할 수 있는 책을 쓰기 위해 얼마나 많은 참고자료를 읽었는지, 전문가들과 의견을 주고 받으며 관련 지식을 쌓기 위해 얼마나 노력했는지 느껴졌다.

이 책은 산업의 역사가 담긴 기록물이다. 1980년대 한국 반도체 산업의 태동기부터 최근 한국을 대표하는 반도체 기업들이 메모리반도체 1위를 수성하고 파운드리 등 시스템반도체 산업을 향해 도전하는 여정이 고스란히 담겨 있다.

후세에 교훈을 남기는 역사서 같은 성격도 갖고 있다. 주요 선진국들은 더 이상 군인들이 피 흘리며 싸우는 전쟁을 벌이지 않는다. 기업을 앞세워 세계 각국의 시장을 전장 삼아 치열하게 다툰다. 때로는 전략 물자를 무기 삼아 상대국을 압박하고 옥죈다. 일본이 한국에게 그랬고 미국이 중국에게 비슷한 전략을 활용했다. 미래의 전쟁 양상도 이렇게 진행될 것이다. 하지만 두려워할 필요는 없다. 과거의 양상을 정확하게 알고 대비하면 다가올 미래는 우리가 주도할 수 있다. 이 책은 우리를 미래로 인도하며 준비할 수 있게 하는 가이드북 역할을 할 것이다.

이 책은 반도체에 대해 어렵게 쓴 기술서가 아니라 쉽게 풀어 쓴 대중서로, 반도체를 이해하기 위해 필수적인 제품 발전의 역사, 반도체 제작 공정 등 기술적인 내용이 들어 있다. 하지만 책의 중심 내용은 반도체 패권을 둘러싸고 세계 각국에서 벌어지고 있는 일들에 대한 현장감 있는 묘사다. 사태의 핵심도 명확하게 전달한다. 저자가 KAIST 문술미래대학원에서 2년간 수학하며 체득한 '과학저널리즘'의 모범을 보여준다고 평가할 수 있다.

반도체의 중요성은 여러 번 강조해도 지나치지 않다. KAIST도 2036년까지 한국 반도체의 심장인 경기 평택에 캠퍼스를 조성한다. 대한민국을 세계 최고의 반도체 강국으로 이끌 핵심 기술 인력을 꾸준히 양성하고 평택이 세계적인 반도체 클러스터로 발돋움하는 데 기여하기 위해서다. 한국이 메모리반도체 강국의 위치를 유지하고 시스템반도체 분야에서 우뚝 서기 위해선 반도체 산업에 대한 국민적인 관심과 응원이 필요하다. 저자의 노력이 담긴 이 책을 읽으며 독자들이 재미를 느끼는 동시에 반도체 산업의 중요성을 다시 한 번 깨달을 수 있는 계기가 됐으면 한다.

KAIST 총장 이광형

반도체에 처음 관심을 갖게 된 건 2015년이다. 당시 나는 신문사 경제부 소속 기자로 공정거래위원회를 담당하고 있었다. 공정위는 정보통신기술(ICT) 전담팀을 꾸려 구글, 애플, 오라클 같은 글로벌 기업들의 '갑질'을 조사했다. 조사의 백미는 미국의 유명 팹리스 퀄컴의 시장지배력 남용 행위에 대한 것이었다.

2000년대 초반 대부분의 휴대전화 한 귀퉁이에는 'Digital by Qualcomm'이라는 문구가 붙어 있었다. 퀄컴이 만든 CDMA(부호분할다중접속) 칩이 내장돼 있다는 표시다. 1990년대 중반 퀄컴은 한국과 손잡고 세계 최초로 CDMA 상용화에 성공했다. 이를 토대로 전 세계 무선통신 시장을 선도하는 초일류 기업이 됐다.

퀄컴은 CDMA 통신 특허를 기반으로 한 이동통신용 반도체 개발·판매, 특허 로열티 수취로 전 세계에서 돈을 긁어모았다. 이 회사가 공정위의 타깃이 된 주요 이유 중 하나가 반도체 문제였는데, 고객사인 삼성전자·애플·LG전자 등의 통신용 반도체 제조를 봉쇄했다는 것이다.

제보를 받은 공정위는 3년 가까이 퀄컴을 조사했다. 공정위 판단에 따라 퀄컴은 수천억 원의 과징금을 부과받는 상황을 앞두게 됐다. 또 수많은 통신용 반도체 경쟁자들이 등장할 가능성이 생겼다. 미국 주식시장에 상장된 퀄컴의 주가는 한국 공정위 관련 뉴스가 전해질 때마다 등락을 거듭했다.

하이라이트는 2016년 7월부터 세종시 공정위에 있는 심판정(법정과 비슷한 장소)에서 일곱 차례에 걸쳐 열린 전원회의(재판과 비슷한 개념)였다. 퀄컴은 미국 샌디에이고 본사에서 최고위 경영진을 급파했다. 자사 입장을 대변할 최고 변호사들과 학계 전문가들도 보냈다. 급박했던 것이다. 분위기는 정말 치열했다. 애플·삼성전자·LG전자·미디어텍 등이 합심해 퀄컴이 통신용 반도체 시장 질서를 흐려놨다고 공격했고, 퀄컴은 반박했다. 2016년 12월 퀄컴은 공정위로부터 과징금 1조 원을 부과받고, '경쟁사 반도체 제조를 막는 행위를 하지 말 것'을 명령받았다. 이 사건은 2021년 11월 현재 대법원에 가 있다.

반도체 때문에 글로벌 기업들이 사활을 건다는 건 신선한 충격이었다. '산업의 쌀'이라고 불리는 반도체의 위력을 실감한 순간이었다.

반도체 산업을 직접 취재하게 된 건 2019년부터다. 나는 산업부로 발령받아 삼성전자, SK하이닉스 등을 맡게 됐다. 두 회사의 주력 제품은 반도체다. 삼성전자는 2021년 기준 D램 사업에서 29년째 세계 1위 자리를 지키고 있다. 낸드플래시도 20년 가까이 1위 자리를 놓친 적이 없다. 미래 사업으로 집중 육성 중인 파운드리는 세계 2위다. 그리고 SK하이닉스는 D램 2위, 낸드플래시 4위의 글로벌 반도체 기업이다. 미국 인텔의 낸드플래시 사업부를 인수하는 계약을 체결할 정도로 반도체 사업 육성에 적극적이다.

내가 두 회사를 담당한 2년 동안 한국의 반도체 기업들은 지금까지 경험하지 못했던 도전에 직면했다. 점유율을 놓고 벌이는 기업 대 기업 간의 경쟁 수준이 아니었다. 2019년 7월엔 일본이 불화수소, 포토레지스트 등 반도체 핵심 소재를 포함한 대한국 수출 규제를 시행했다. 삼성전자와 SK하이닉스는 일본산 소재의 재고가 떨어지면 공장을 멈춰야 하는 상황에 몰렸다. 한국을 산업 강국의 반열에 올려놓은 반도체를 직접 겨냥한, 일본의 국가 차원 공격이었다. 무기는 안 들었지만 사실상의 선전포고였다. 삼성전자 부회장과 SK하이닉스 대표이사가 일본행 비행기에 몸을 실었지만 성과는 없었다.

2020년이 되면서 반도체 전쟁은 전 세계적인 차원으로 확산됐다. 미국이 중국 '기술 굴기'의 상징 화웨이를 대상으로 반도체 수출 금지 조치를 시행했다. 대만 TSMC는 '넘버 3' 안에 들었던 주요 고객사 화웨이와의 거래를 끊었다. 화웨이는 삼성전자, SK하이닉스 등에 임직원을 급파해 '차질 없는 반도체 공급'을 읍소했다. 미국은 몇 달 뒤 더 강화된 중국 기업 대상 반도체 금수 조치를 시행했다. 반도체를 제대로 공급받지 못한 화웨이는 스마트폰 제조에 타격을 받게 됐으며, 세계 2위 스마트폰 제조 업체라는 타이틀을 내주고 지금은 명맥만 유지하고 있다. 미국과 중국의 반도체 전쟁은 현재진행형이다.

반도체 전쟁의 한가운데서 2년을 보냈다. 언론사 기자로서 기록을 해야겠다는 생각이 들었다. 훗날 역사서에 '세계 제1차 반도체 대전'으로 기록될지도 모르는 반도체 패권 다툼에 우리는 어떻게 대처하고 무엇을 준비해야 할까. 이 책이 해답을 제시할 순 없지만 독자들에게 생각해볼 계기는 충분히 마련해줄 것으로 믿는다.

책을 쓰는 과정에서 많은 도움을 주신 KAIST 이광형 총장님과 문술미래전략대학원의 서용석 교수님, 양재석 교수님께 감사드린다. 반도체에 관심을 가질 수 있도록 계기를 만들어주신 〈한국경제신문〉 선배들, 부족한 책의 출간을 위해 힘써주신 한경BP 대표님과 편집자님께도 감사함을 표한다. 그리고 가족들, 특히 항상 옆에서 큰 힘이 되어주는 아내에게 고맙다는 말을 전한다.

2021년 12월 황정수

CONTENTS

3장

대격변 속 메이저 플레이어로 등장한 파운드리

4장

옛 영광 되찾으려는 일본 반도체

5장
반도체 전쟁의 미래

1장

불붙은
반도체 전쟁

자국 반도체 육성을 위한 각국의 전략

미국 NSCAI의 '반도체 필승' 보고서

○

미국 인공지능(AI)에 관한 국가안보위원회(NSCAI, The National Security Commission on Artificial Intelligence)가 2021년 3월 1일 '최종 보고서(Final Report)'란 제목의 게시물을 홈페이지에 전격 공개했다. NSCAI는 미국 국가수권법에 근거해 2018년 설치된 미국 의회의 자문기구다. 에릭 슈밋 전 구글 CEO, 앤디 재시 아마존 CEO 등 미국 정보통신기술(ICT) 업계 거물들이 위원으로 참여하고 있다.

NSCAI는 이 보고서가 "AI 시대 미국의 승리를 위한 전략서"라고 설명했다. 16개 챕터, 756쪽 분량으로 ICT 거물들이 짜낸 미국의 '첨단 기술 필승 전략'을 제시하고 있다.

보고서는 첨단 산업 중에도 반도체에 많은 부분을 할애했다. NSCAI는 미국 반도체 산업의 실태에 대해 '미국이 지배력을 상실하기 직전'이라고 진단했다. NSCAI의 보고서엔 미국 기업인들의 중국에 대한 경계심도 짙게 묻어 있는데, 중국 반도체 산업을 주저앉힐 수 있는 행동 전략이 상세하게 들어 있다. NSCAI는 중국에 더 강한 반도체 수출 규제를 단행해야 한다고 조언했다. "일본, 네덜란드 정부 등과 협력해 EUV(극자외선)와 ArF(불화아르곤) 노광장비의 중국 수출을 금지해야 한다"라고 제안한 게 대표적이다.

EUV 노광장비는 5나노미터[1]급 최첨단 시스템반도체[2] 제조에 필수적이다. 네덜란드의 반도체 장비 회사 ASML이 독점 생산한다. ArF 노광장비는 EUV만큼 최신은 아니지만 중급 반도체를 만드는 데 활용되는 주력 장비이며, 일본 반도체 장비 업체들의 주력 제품이다.

미국은 도널드 트럼프 대통령 집권 시기인 2020년에 이미 EUV 노광장비를 중국 반도체 생산 업체에 수출하는 길을 막았다. NSCAI의 제안은 한술 더 떠 중국에 있는 모든 반도체 기업에 EUV와 ArF 장비의 공급을 막아, 중국에서 첨단 반도체의 씨가 마르게 하자는 것이다.

1　nm. 1나노미터는 10억 분의 1미터.
2　System Semiconductor. 연산, 통신 등을 담당하는 반도체.

중국의 반도체 공급망 지배를 저지하라

○

안보의 핵심인 반도체의 생산시설과 관련해선 "미국 본토에 생산과 설계 기반을 구축해야 한다"라고 강조했다. 보스턴컨설팅그룹에 따르면 세계 반도체 시장에서 미국 내 생산 비율은 1990년 37%에서 2020년 12%까지 줄었다. 자국 내 생산 비율이 줄었다는 건 그만큼 일자리가 사라졌다는 뜻이다. 또 코로나19 같은 천재지변 상황이 닥쳤을 때 원하는 만큼 반도체를 못 가질 수 있다는 의미이기도 하다.

미국의 더 큰 걱정은 반도체 생산시설이 대만, 한국 등 동아시아에 집중돼 있다는 것이다. 데이터 저장용 반도체인 D 램[3]과 낸드플래시[4] 시장에서 세계 1위를 달리고 있는 삼성전자의 공장은 경기 화성과 평택, 중국 시안에 몰려 있다. D 램 세계 2위 SK하이닉스 역시 경기 이천과 충북 청주, 중국 우시에서 공장을 가동 중이다.

애플, 퀄컴, 엔비디아 같은 미국 팹리스[5]의 주문을 받아 반도체를 대신 만들어주는 파운드리[6] 업체인 대만 TSMC도 주력 공

---

3 DRAM. 데이터를 저장하는 메모리반도체의 한 종류로, 전원이 꺼지면 데이터가 사라진다.
4 NAND Flash. 전원이 없는 상태에서도 데이터를 계속 저장할 수 있는 메모리반도체.
5 Fabless. 반도체 생산설비를 갖추지 않고 설계만을 전문으로 하는 업체.
6 Foundry. 팹리스에서 설계 데이터를 위탁받아 반도체를 생산하는 업체.

장을 대만 타이난 등과 중국 난징에 두고 있다. 미국 입장에선 '제1의 적'인 중국 인근에 세계 반도체 생산의 70% 이상을 차지하는 공장들이 모여 있다는 점이 불안할 수밖에 없는 것이다.

NSCAI는 미국 의회에 특단의 대책을 주문했다. 2021년 3월 기준으로 미국 연방정부가 반도체 기업들에 지원하는 각종 세제혜택은 투자액의 10~15% 수준인데, 이를 대만·싱가포르 등 경쟁국 수준인 25~35%로 올려야 한다고 주장했다. 인센티브를 인텔, 마이크론, 글로벌파운드리 같은 미국 기업에 더해 삼성전자, TSMC 같은 동맹국 기업에도 제안해야 한다는 게 NSCAI의 입장이다. 미국 정부의 돈을 쏟아붓더라도 본토에 첨단 반도체 기업들을 유치하는 게 우선순위라는 판단에서다.

반도체 패권 향해 뛰는 조 바이든 미국 대통령

○

보고서가 제출된 직후 미국 정부와 의회가 움직이기 시작했다. 보고서가 미국 정계를 흔들어놓은 것이다.

미국 의회는 '미국 반도체 산업 지원법(CHIPS for America)'이라는 법안을 강하게 밀어붙였다. CHIPS 법안은 2024년까지 미국 내에 생산시설을 짓는 반도체 기업에 투자액의 최대 40% 범위 안에서 세액공제(세금 할인)를 해주는 파격적인 인센티브를 포함하고 있다. 예컨대 미국 애리조나주에 200억 달러를 투자해 파운드리 공장을 짓기로 한 인텔은 공장을 건설하는 동안 최대 80억 달러(200억 달러의 40%)를 세금에서 공제받게 된다. 이런 혜택은 미국 업체뿐만 아니라 삼성전자 등 외국 업체에도 적용된다.

조 바이든 미국 대통령과 행정부는 더욱 적극적이다. 2021년 2월 바이든은 반도체 등 핵심 품목의 공급망을 100일간 점검하는 내용의 행정명령에 서명했다. 백악관은 성명을 통해 "코로나19 이후 모든 국민이 위기 때 필수적인 재화와 서비스에 접근할 수 있도록 탄력 있는 공급체인과 국내 제조업의 필요성이 부각됐다"라고 행정명령 발표 배경을 설명했다. 또 "우리는 국가 위기 상황에서 우리 국민을 보호하고 필요를 제공하기 위해 어느 한 국가, 특히 우리의 이익과 가치를 공유하지 않는 '외국'에 의존해서는 안 된다"라고 강조했다.

언론은 미국 정부의 행정명령이 반도체 등 핵심 품목에서 중국의 기술적 부상을 막고 대중국 의존도를 낮추기 위한 것이라고 해석했다. 그러면서 공급망 검토가 반도체에 대한 금융 지원 및 조달 정책의 변화로 이어질 수 있다고 관측했다.

그것으로 끝이 아니었다. 바이든은 2021년 3월 2조 2,500억 달러 규모의 인프라 예산을 계획하고, 이 중 500억 달러를 반도체 산업에 집중 투자하기로 했다. 여기엔 국가반도체기술센터

(NSTC) 설립, 반도체 생산시설 및 연구개발(R&D)에 대한 인센티브 등이 총망라돼 있다. 반도체 산업은 국가 전략 산업이고 국방을 포함한 국가의 주요 인프라가 반도체 칩에 의존하는 만큼 외국 기업에 대한 의존도를 낮춰야 한다는 미국 관료들의 구상이 구체화된 것이다. 바이든 대통령도 "반도체는 인프라"라며 예산안 확보에 힘을 보탰다.

21세기 전략 물자, 반도체

○

한 달 뒤인 4월, 백악관은 반도체 생산 업체 7곳과 반도체를 사서 쓰는 기업 12곳 등 총 19개 기업의 고위경영진을 모아 '반도체 공급망 정상회를 위한 회의'를 개최했다. 이 중 11개 기업이 현재 반도체가 부족하거나 제품을 생산할 때 반도체를 꼭 필요로 하는 미국 업체들이다. 구글 모회사 알파벳, 통신사 AT&T, 차량용 엔진 업체 커민스와 차 부품 전문 업체 피스톤그룹, PC 전문 업체 델·HP, 자동차 업체 포드·GM·PACCAR, 의료기기 전문 업체 메드트로닉, 방산 업체 노스럽그러먼이다. 반도체 수요 업체 중에 외국 업체는 네덜란드에 본사를 둔 자동차 업체 스텔란티스(피아트크라이슬러와 푸조시트로엥의 합작사)뿐이었다.

나머지는 반도체 생산 업체들로 채워졌다. 한국의 삼성전자,

대만 파운드리 업체 TSMC, 네덜란드 자동차 반도체 전문 업체 NXP, 미국 파운드리 업체 글로벌파운드리와 스카이워터테크놀로지, 종합 반도체 업체 인텔, 메모리반도체 전문 업체 마이크론이다.

초청 기업 명단에 노스럽그러먼이 포함된 것에 대해 워싱턴 정계에선 의미심장하다는 평가가 나왔다. 노스럽그러먼은 '하늘의 저승사자'로 불리는 B-2 스텔스 전략 폭격기, 고고도 무인정찰기 글로벌호크를 생산하는 미국의 대표적인 방위산업 기업이다. 그뿐만이 아니라 육군의 레이더, 해군의 첨단 항공모함, 공군 차세대 폭격기는 물론 인공위성 사업에도 적극적으로 나서며 미국 전력 향상의 중추적인 역할을 하고 있다. 반도체 수급을 안보와 직결시키는 바이든 행정부의 관점이 노스럽그러먼을 통해 명확하게 드러났다는 분석이다.

미국 정부 측 참석자를 봐도 이날 회의의 의도가 명백하게 파악된다. 회의를 주재한 제이크 설리번 백악관 국가안보보좌관은 회의 직전 워싱턴DC 인근 해군사관학교에서 한국의 서훈 청와대 국가안보실장, 일본의 기타무라 시루 국가안보국장과 3국 안보실장 회의를 개최했다. 미국의 관심과 목표를 노골적으로 드러낸 것이다.

바이든 대통령의 액션도 압권이었다. 이날 그는 반도체 원판인 웨이퍼를 들고 흔들며 "이것이 인프라다"라고 다시 한번 강조했다. 이어 상원과 하원 의원 65명에게서 받은 서한을 읽어 내려갔다. "중국 공산당은 반도체 공급망을 지배하려는 공격적 계획을 가지고 있다"라는 대목을 직접 인용하며 중국 견제 의도를 드러냈다.

바이든에 화답하는 미국 반도체 기업들

○

미국 정부의 적극적인 움직임에 기업들도 화답하고 있으며, 그 반대급부로 정부에 '화끈한 자금 지원'을 요청했다.

'반도체 제국'으로 불리는 세계 1위(매출 기준) 종합 반도체 기업 인텔은 2021년 3월 미국 애리조나주에 200억 달러를 투자해 2024년까지 파운드리 공장 2기를 추가 건설할 것이라고 발표했다. 팻 겔싱어 인텔 CEO는 사업전략 발표회에서 배경화면에 세계지도와 숫자를 띄워놓고 "대부분 반도체 제조시설이 아시아에 집중돼 있다"며 "인텔의 미국과 유럽 공장에서 반도체를 생산하는 게 고객사의 이익과 각국 안보에 도움이 된다"라고 강조했다.

민간 기업인 인텔의 CEO가 국가안보와 반도체 생산의 지정학적인 균형을 언급한 건 이례적이다. 겔싱어의 발표 뒤엔 조 바이든 대통령이 있다는 게 업계의 분석이다. 바이든이 지속적으로 강조하는 '반도체의 메이드 인 USA'의 선봉 역할을 인텔이 자처하고 있다.

그러면서 인텔은 정부에 지원금을 달라며 손을 벌렸다. 제프 리트너 CGO(최고대관담당책임자)의 성명을 함께 공개한 것이다. 성명에서 리트너는 CHIPS 법안에 대한 찬사를 늘어놓은 뒤 말미에 '법안에 근거해 인텔에 투자비를 지원해달라'고 요구했다. 인텔의 대규모 투자는 연방정부 차원의 대규모 지원을 전제로 한 것이라는 점을 분명히 한 것이다.

미국의 다른 반도체 기업들도 적극적으로 움직이고 있다. 미국의 간판 메모리반도체 기업 마이크론이 대표적이다. 마이크론은 D램 세계 3위, 낸드플래시 5위권 업체로 D램 시장 패권을 놓고 삼성전자·SK하이닉스와 치열하게 경쟁하고 있다. 미국 아이다호주에 본사를 두고 있어 반도체 업계에선 '포테이토(감자)'라고도 불린다. 아이다호주의 특산물이 감자라서다.

마이크론은 그동안 D램 3위, 낸드플래시 5위 정도에 만족하는 모습이었다. 하지만 바이든 대통령이 반도체 패권에 대한 야욕을 본격적으로 드러내면서 마이크론도 움직임에 나서고 있다. 〈월스트리트저널〉은 2021년 3월 마이크론이 낸드플래시 시장 2위인 일본 키옥시아(구 도시바메모리) 인수를 추진 중이라고 보도했다. 마이크론이 인수에 성공하면 단숨에 삼성전자와 맞먹는 낸드플래시 강자가 된다. 키옥시아는 보도 당시 마이크

론의 인수설에 대해 "확인된 바 없다"라며 부인하는 입장을 내
놨다.

파운드리 시장에선 미국 글로벌파운드리가 적극적인 행보를
보이고 있다. 글로벌파운드리는 미국 몰타, 싱가포르, 독일 공장
의 생산량 증대를 위해 2021년 14억 달러를 투입했다. 2021년
10월엔 나스닥에 상장했다. 2021년 12월 8일 기준 시가총액은
353억 달러로, 상장을 통해 조달한 자금으로 공장 확대와 기술
개발에 나설 계획이다.

글로벌파운드리는 2017년께까지 세계 파운드리 시장 2위
로서 1위 TSMC를 위협했던 터줏대감이다. 기술이 고도화돼
반도체 산업에 연간 수십조 원대 투자가 필요해지면서 성장세
가 주춤해졌다. 선폭[7] 7나노미터 이하 초미세 공정 진입을 포
기한 이후 침체기를 겪었고, 2020년엔 세계 시장 점유율이 4위
(7%)로 떨어졌다. 이런 글로벌파운드리마저 재도약을 선언한
것이다.

반도체 업계에선 미국 정부의 반도체 육성책을 발판으로 분
위기 반전에 나선 것이라는 평가가 나온다. 토머스 콜필드 글로
벌파운드리 CEO는 "추가 투자는 확정됐고 '언제'에 대한 질문
만 남아 있다"며 "미국 공장의 증설·신설을 추진하는 데 핵심

---

[7] 반도체 칩에 적용되는 회로의 폭.

요소는 CHIPS 법의 자금 지원 여부가 될 것"이라고 강조했다.

미국의 강력한 경쟁자 EU도 반도체 자립 선포

○

2021년 4월 12일 앙겔라 메르켈 독일 총리가 하노버 산업박람 회장을 전격 방문했다. 메르켈은 행사장에 몰린 기자들을 실망 시키지 않았다. "27개 유럽 기업과 함께 시스템반도체 분야에 36억 유로를 투자하겠다"라고 발표한 것이다.

시스템반도체는 데이터를 저장하는 게 주요 기능인 메모리 반도체와 달리 데이터 계산, 통신, 디지털 변환 등을 담당한다. 컴퓨터에 들어가는 CPU,[8] 스마트폰의 CPU 역할을 하는 AP[9] 등이 대표적이다. 메르켈의 발언은 첨단 반도체에 대한 패권을 놓지 않겠다는 의지를 나타낸 것으로 평가된다. 2019년에 같은 행사에서 유럽연합(EU) 반도체 자립을 선언한 뒤 2년 만에 구 체적인 투자 계획을 내놓은 것이다. 왜 하필이면 2021년 4월에 반도체 액션 플랜을 내놓은 것일까? 전문가들은 미국 때문이란 해석을 내놓고 있다.

---

8   Central Processing Unit. 중앙처리장치.
9   Application Processor. 애플리케이션 프로세서.

EU는 미국의 강력한 우방이다. 동시에 경제·산업 분야에선 치열한 경쟁 관계다. 2015년부터 글로벌 ICT 산업의 패권을 놓고 시작된 반독점 전쟁이 대표적인 사례로 꼽힌다.

EU의 정부 역할을 하는 집행위원회는 구글, 아마존, 메타(당시 사명은 페이스북) 등 미국 ICT 기업에 대한 반독점법(한국으로 따지면 공정거래법) 위반 조사를 수년째 이어오고 있다. EU는 2017년 6월 구글이 쇼핑 검색에서 자사가 운영 중인 아이템 위주로 검색 결과를 보여줬다며 24억 유로의 과징금을 부과했다. 이건 시작이었다. 2018년엔 삼성전자 같은 스마트폰 제조사에 스마트폰 앱 탑재를 강요한 혐의로 과징금 43억 4,000만 유로를 부과했다. 구글이 안드로이드 OS(운영체제)를 공급하면서 크롬, 구글플레이 등의 앱을 설치하도록 조건을 달았다는 것이다. 또 2018년엔 세계 최대 온라인 쇼핑 업체 아마존을 상대로 '자사 사이트에서 제품을 파는 판매자의 정보를 활용해 아마존이 불공정한 이점을 확보하고 있는지'에 대한 조사에 착수했다. 혐의가 입증되면 수십억 유로의 과징금이 부과될 전망이다.

최근엔 구글의 광고 사업 관련해서도 경쟁법을 위반했다며 예비 조사에 착수했다. 구글이 개인정보 접근·수집·가공 및 비즈니스 활용, 광고 사업 관련 비즈니스 관행 등에서 경쟁법을 위반한 혐의를 포착하고 조사 중인 것으로 알려졌다. 혐의가 인정될 경우 구글은 연간 글로벌 매출의 최대 10%를 과징금으로 내야 한다.

세금 폭탄을 던지는 것도 EU가 미국 ICT 기업을 견제하기 위해 주로 활용하는 전략이다. EU는 2016년 애플에 130억 유로의 세금을 부과했다. 아일랜드 정부가 부정한 방법을 써서 애플에 과도한 세금을 면제해줬다는 이유에서다. 당시 EU는 "아일랜드 정부가 애플이 유럽에서 얻은 이익에 대한 실효 법인세율이 2003년 1%에서 2014년 0.0005%까지 떨어지도록 했다"며 "회원국(아일랜드)은 특정 기업을 골라 세금 혜택을 줘서는 안 된다. 이는 EU의 정부 지원 법률상 불법"이라고 강한 어조로 지적했다. 쉽게 말해 아일랜드가 거대 기업 유치를 위해 애플에 일부러 세금을 깎아줬다는 것이다.

미국도 EU의 공격에 가만히 있지 않았다. 미국 법무부와 FTC[10]는 2015~2016년 EU 산업의 핵심인 자동차 기업들에 메스를 대기 시작했다. 미국 법무부는 디젤차의 청정공기법 위반을 이유로 폭스바겐에 최대 900억 달러 규모의 손해배상소송을 제기했다. 여기에 FTC도 최대 150억 달러에 이르는 손해배상소송을 함께 제기했다. FTC는 폭스바겐이 미국에서 진행한 클린 디젤 관련 광고를 문제 삼았다. 폭스바겐 디젤차가 미 연

10　Federal Trade Commission. 연방거래위원회. 한국의 공정거래위원회 역할을 하는 미국 정부 기관.

방정부의 허용 기준치보다 최대 40배 많은 오염 물질을 배출하는데도 친환경 자동차로 포장해 판매했다는 것이다. 동시에 EU에 기반을 둔 제약사에 대해서도 미국 정부는 역지불 합의[11]에 대한 점검을 강화했다.

글로벌 경쟁력 강화를 위한 EU의 움직임

○

역사적인 라이벌인 EU 입장에서 미국의 반도체 육성 정책은 가만히 두고 볼 수 없는 움직임이다. 메르켈 총리의 선언은 EU의 정서를 대변하는 액션으로 평가된다.

EU 집행위원회 차원에서도 움직임에 나섰다. EU는 2030년까지 반도체 자체 생산량을 대폭 늘리기로 방침을 정했다. 목표치는 전 세계의 20% 수준이다. 이 계획은 '2030 디지털 컴퍼스'로 불리는 EU의 전략 문서에 담겼다.

EU의 반도체 생산량은 전 세계 생산량의 약 10%에 그쳤다. 코로나19 팬데믹으로 디지털 기기 수요가 급증했는데 반도체 공급량은 따라가지 못하고 있다. 특히 폭스바겐 같은 EU 자동

---

11 특허받은 약을 생산하는 제약사가 복제약 개발사에 일정 대가를 지불하여 복제약의 출시를 늦추기로 하는 합의.

차 업체들이 반도체 부족 때문에 생산 차질을 겪었는데, EU 집행위원회는 반도체 생산시설이 부족하다는 점도 큰 영향을 미쳤다고 판단했다. 우르줄라 폰 데어 라이엔 EU 집행위원장은 "코로나19 팬데믹은 EU에 디지털 기술이 얼마나 중요한지를 보여줬다"며 "2020년대를 '유럽 디지털 10년'으로 만들어야 한다"라고 말했다.

EU는 독일, 프랑스 주도로 최대 500억 유로를 반도체 산업에 투자하는 방안을 추진 중이다. 독일 유력 일간지 〈프랑크푸르터알게마이네차이퉁〉에 따르면 유럽 각국 정부는 보조금 등을 통해 투자액의 20~40% 정도를 기업들에 지원할 계획이다.

유럽에도 NXP, ST마이크로, 인피니온 등 유명 반도체 기업들이 포진해 있다. 이들 기업은 빛이나 음향 같은 아날로그 신호를 디지털로 변환하는 아날로그반도체, 대부분의 가전기기와 자동차에 들어가는 MCU(마이크로 컨트롤러 유닛) 등에서 세계적인 경쟁력을 갖추고 있다. 그럼에도 생산 비중이 10% 남짓인 이유는 유럽 반도체 기업들이 생산 물량의 대부분을 TSMC 같은 파운드리 업체에 맡겨서다. 한마디로 '외주'를 줬다는 것인데, 이는 설계와 기술 개발에만 주력하기 위한 조치였다. 좋게 말해 글로벌 분업 체제를 활용한 것이지만, 코로나19에 따른 셧다운(가동 일시중단) 등에 부메랑을 맞은 셈이다.

이에 따라 EU는 해외 반도체 기업에도 생산 공장을 유럽에 지어달라며 러브콜을 보내고 있다. 인텔이 적극적으로 화답했다. EU 역내 산업 육성을 담당하는 티에리 브레통 EU 집행위원은 2021년 4월 30일 인텔의 팻 겔싱어 CEO와 함께 찍은 사진을 공개하면서 "세계의 파트너들과 대서양 협력 관계를 강화하면서 EU의 산업을 강화해나갈 것"이라고 발표했다. 겔싱어도 언론 인터뷰에서 "미국과 유럽 정부로부터 모두 요청받은 것은 아시아와 비교해 우리의 경쟁력을 키워달라는 것이었다"라고 설명했다. 그러면서 미국에서와 마찬가지로 '보조금'을 언급했다. 겔싱어는 "반도체 품귀 현상이 일어나고 있는 현 상황에서 인텔은 유럽에 반도체 생산시설을 짓기 위해 80억 유로 규모의 보조금을 원한다"라고 강조했다.

동시에 EU는 역내 반도체 기업들을 활용하는 정책도 추진했다. NXP 등 생산 업체들에 ASML 같은 장비 업체를 묶어 EU 반도체 동맹 결성을 검토한 것이다. 이 방안은 논의 초기 단계지만 '유럽 공익을 위한 중요 프로젝트(IPCEI)'라는 범유럽 차원에서 진행된다. 기업들이 원활하게 협업할 수 있도록 EU 회원국 정부들이 정부 보조금 규제를 완화하고 기업들에 자금을 지원해주는 방안이 포함될 전망이다.

하지만 EU에선 역내 반도체 산업 육성에 대해 다른 목소리도 나온다. 일부 EU 집행위원은 외국 기업에 의존해 공장을 세운다는 전략을 경계하는 것으로 알려졌다. 굳이 인센티브를 줘

가며 반도체 공장을 유치할 필요성이 있느냐에 대해 근본적인 의문이 제기되는 것이다. 일각에선 EU 기업과 외국 기업들의 제휴협약을 유도하는 게 더 나을 것이란 주장도 제기된다.

브레통 위원에 대해 부정적인 시선도 많다. 그는 프랑스인으로 정보기술(IT) 컨설팅 업체 아토스에서 최고경영자를 지냈다. 그가 강조하는 '역내 반도체 산업 유치'에 대해 EU의 자유시장주의자들 사이에선 지나친 보호무역주의라는 비판도 나오고 있다.

살길 찾아 나선 일본, 칼 가는 중국

○

1980년대까지 일본은 세계 메모리반도체 시장을 지배했다. 1990년 글로벌 반도체 시장 '톱 10' 중 도시바·히타치 등 6곳이 일본 기업이었다. 〈동아일보〉에 따르면 당시 '히노마루(日の丸) 반도체'라는 용어가 만들어졌다고 한다.[12] 히노마루는 일본 국기를 뜻한다. 반도체에 대한 일본 국민의 자긍심이 만들어낸 말이다.

2021년 현재 일본 반도체의 위상은 30년 전만 못하다. 1990년

---

12 박형준, [특파원칼럼] "80년대 세계 호령하던 日 반도체 재부흥 비책"(2021년 4월 20일).

대 초반 D램 시장에서 일본을 제치고 세계 1위를 꿰찬 삼성전자가 낸드플래시 시장마저 석권했다. 현대와 LG의 빅딜로 탄생한 하이닉스반도체도 SK의 품에 안긴 이후 세계 2위권으로 치고 올라왔다. 한국 기업에 밀린 일본 반도체는 추락했다. 2012년 NEC와 히타치의 반도체 사업부문이 통합해 설립된 엘피다메모리가 파산했고, 2018년엔 도시바의 메모리반도체 사업부문(키옥시아) 지분이 미국·일본·한국 자본이 참여한 사모펀드에 매각됐다. 일본에선 반도체 산업의 쇠퇴 원인으로 덤핑 방지 등이 담긴 '미·일 반도체협정'을 꼽지만, 한국에선 '일본 반도체 기업 전문경영인들의 잦은 오판'에 무게를 싣는다.

최근 미국과 EU가 강력한 반도체 육성책을 내놓자 일본도 움직이고 있다. 일본은 메모리반도체 완제품 생산에선 경쟁력을 거의 상실했지만, 설계·장비·원재료 부문에선 세계적인 수준의 기술 경쟁력을 유지하고 있다. 전자기기의 눈 역할을 하는 이미지센서 세계 1위 소니, 반도체 식각[13] 장비의 강자 도쿄일렉트론, 반도체 원판인 웨이퍼 생산 업체 신에츠 등이 대표적이다.

일본 경제산업성은 이 같은 자국 장비·소재 업체 등을 활용해 외국의 대형 반도체 기업 유치에 나섰다. 반도체를 안정적으

---

13 불순물을 씻어내는 공정.

로 공급받고 다른 산업과의 연관 효과를 누리기 위해서다. 이를 위해 일본 정부는 자국에 공장을 짓는 해외 반도체 기업에 보조금을 더 주는 방안을 추진했다. 2019년부터 일본 정부는 일본산 장비·원료를 많이 공급받는 기업들, 일본 소니의 반도체를 위탁받아 만드는 업체들을 집중적으로 접촉했다. 그 성과가 2년 만에 나왔다. 대만 파운드리 업체 TSMC가 반도체 후공정인 패키징[14] 연구개발 자회사를 일본 이바라키현에 짓겠다고 발표했다. 일본 정부는 앞으로도 자국 기업이 본토에 공장을 짓도록 유도하기보다는 실력 있는 해외 반도체 기업을 유치함으로써 반도체 부흥을 이끌 계획이다.

중국도 최근 들어 바쁘게 움직이고 있다. 중국은 2025년까지 반도체 자급률 70%(2020년 약 20%)를 달성하기 위해 시진핑 국가 주석 주도로 '반도체 굴기(堀起, 떨쳐 일어섬)' 정책을 추진했다. 하지만 2020년 본격화된 미국의 반도체 수출 규제로 기세가 한풀 꺾인 상황이다.

중국 정부는 위기 극복을 위해 제14차 5개년(2021~2025) 경제·사회 계획안에 반도체 굴기를 8대 전략적 중대 과학기술로 명시했다. 2020년 신설된 반도체 회사가 1만 2,000여 곳에 달할 정도로 조금씩 활기를 되찾고 있다.

---

14 칩을 전자기기에 연결할 수 있는 상태로 가공하는 공정.

중국 정부의 대대적인 지원책도 나왔다. 중국 재정부, 해관총서, 세무총국은 2021년 3월 '반도체·소프트웨어 산업 발전을 지원하기 위한 수입관세 정책'을 발표했다. 선폭 65나노미터 이하 반도체를 제조하는 기업 또는 0.25마이크로미터 이하 반도체 특수 공정 사업을 하는 기업이 주요 지원 대상이다. 중국 내에서 생산되지 않거나 부족한 반도체 관련 부품·원자재·소모품·장비 등을 수입할 때 무관세 혜택을 제공하는 게 대표적인 지원책이다. 리커창 중국 총리는 양회 정부 업무보고에서 "10년 동안 단 하나의 칼을 가는 심정으로 8대 신산업과 7대 과학기술에 매진할 것"이라며 반도체 산업 육성에 대한 의지를 다졌다.

반도체 전쟁의 원인, '품귀'

패권 경쟁의 방아쇠 당긴 차 반도체

○

반도체 패권 전쟁이 2021년에 갑자기 시작된 건 아니다. 반도체를 포함한 IT 산업 패권에 대한 미국의 야욕은 버락 오바마 행정부(2009~2017) 후반기 때부터 고개를 들었다. 2017년 백악관 과학·기술자문위원회가 '미국의 장기적 반도체 리더십 확보를 위한 보고서'를 오바마 당시 대통령에게 제출한 게 대표적이다. 보고서의 핵심 내용은 중국 반도체 산업의 부상을 막고 미국이 세계 반도체 시장에서 지배력을 확보해야 한다는 것이었다.

미국은 이 보고서가 조언한 내용을 실천에 옮겼다. 2020년에 본격화한, 화웨이 반도체를 대상으로 한 수출 규제가 대표적인 사례다. 중국 반도체 산업의 상징이었던 화웨이는 미국의 반도체 장비 금수 조치에 스마트폰 경쟁력을 잃었다.

그럼에도 2020년까지 미국은 '반도체 패권'을 직접적으로 언급하진 않았다. 경쟁국 중국에 대한 경계감을 내세우는 정도에 그쳤다. 그러다가 2021년 들어 미국 정부의 스탠스가 좀더 노골적이고 직접적으로 바뀌었다. 무엇이 트리거(촉발 요인)가 됐을까?

학계와 산업계의 많은 전문가는 2020년 4분기부터 고개를 들기 시작해 2021년부터 본격화된 반도체 품귀 현상을 패권 경쟁의 직접적인 원인으로 꼽는다. 반도체가 부족해 GM·포드 등 미국 자동차 회사의 공장이 멈추는 일이 발생하면서 반도체가 없으면 국가 경제가 파탄 날 수 있음을 체감한 것이다.

반도체에 대해 '21세기의 전략 물자'니 '산업의 쌀'이니 하는 수식어가 언론에 자주 오르내린 것도 자동차용 반도체 품귀가 확산되면서부터다. 바이든 대통령은 2021년 4월 기자회견에서 반도체 원료인 웨이퍼를 손에 쥐고 흔들며 "차량용 반도체 부족으로 미국 자동차 공장이 멈추는 일이 일어나지 말았어야 했고, 다시는 일어나지 않게 할 것"이라고 강조했다.

자동차 업계를 강타한 코로나19

○

자동차용 반도체 품귀는 어떻게 전개됐을까? 상황은 상당히 급박하게 돌아갔다. 2020년 12월 유럽에서 차 반도체 품귀에 대한 얘기가 흘러나왔다. 외신들은 유럽의 대표적인 자동차 업체 아우디·폭스바겐그룹이 차량용 반도체 부족으로 중국 등지에서 2021년 1분기 차량 생산량을 줄일 계획이란 보도를 쏟아내기 시작했다. 아우디·폭스바겐그룹은 보도 내용을 부인하지 않았다.

2021년 1월이 되자 미국 자동차 업체인 GM과 포드, 일본 토요타와 혼다 등에서도 차량용 반도체가 부족하다는 기사가 언론 지면에 등장했다. 글로벌 증권사들이 모여 있는 미국 월스트리트에선 글로벌 자동차 업체들의 실적 전망치를 하향조정하는 리포트들이 발간되기 시작했다.

우려는 현실이 됐다. 자동차 업체들은 공장 셧다운에 나섰다. 폭스바겐은 독일 엠덴 공장을 1월 2주간 멈춰 세웠고, 2월부터는 감산에 들어갔다. 미국에선 포드가 스타트를 끊었다. 1월 멕시코 2개 공장과 독일 자를루이 공장의 가동을 중단했다. GM은 2월부터 미국, 캐나다, 멕시코 일부 공장의 차량 생산을 중단했다.

반도체 부족에 따른 생산 차질로 예상되는 피해 규모에 대한 고백도 이어졌다. GM과 포드 등 미국 업체들은 실적설명회에서 반도체 부족에 따른 피해 예상치로 10억~25억 달러를 언급했다. 스텔란티스의 카를로스 타바레스 CEO는 "반도체 공급 부족은 업계 전체가 직면한 문제다. 대체 칩 공급처를 찾기 위해 노력하고 있지만, 2021년 하반기까지는 문제가 해소될 것으로 기대하지 않는다"라고 말했다.

미국 자동차 제조사 단체인 자동차혁신연합(AAI)은 반도체 부족 사태로 2021년 미국 자동차 생산량이 128만 대 줄어들 수 있다고 경고했다. AAI는 차량 생산에 차질이 불가피한 상태이며, 1년 6개월 이상 여파가 이어질 것이라고 밝혔다. 일본 차 업체들도 품귀 사태를 피해 가지 못했다. 혼다와 닛산은 2021회계연도에 차량 판매가 25만 대 줄어들 전망이라고 발표했다.

반도체 외교의 시작

○

발등에 불이 떨어진 글로벌 완성차 업체들은 가만히 있지 않았다. 자국 정부를 움직이기 시작했다. 이것이 정부 관료들이 반도체의 중요성을 본격적으로 깨닫게 된 계기가 됐다. 눈앞에서 자국 공장들이 멈춰서는 걸 목격했기 때문이다.

미국 정부가 가장 먼저 움직였다. 슈퍼 파워를 이용해 실력 행사에 나섰다. 이른바 '반도체 외교'를 시작한 것이다. 타깃은 대만 정부였는데, 세계 최대 자동차 반도체 위탁생산 업체 TSMC가 있어서다.

미국 백악관은 2021년 2월 차량용 반도체 부족이 이슈가 되자 문제 해결을 위해 직접 TSMC와 접촉했다. 브라이언 디스 백악관 국가경제위원장은 이날 왕메이화 대만 경제부장(장관)에게 서한을 보내, 대만 반도체 업체들과 함께 차량용 반도체 부족 문제를 해결하고자 노력해준 것에 감사의 마음을 표했다. 제이크 설리번 국가안보보좌관도 반도체 생산국들을 압박하고 나섰다.

백악관 대변인은 "정부가 최근 자동차·반도체 업체들과 잇따라 회의를 열어 문제점을 파악하고 협조를 촉구했다"며 "미래의 (추가적인) 반도체 부족 문제를 피하기 위한 조처에 나서야 한다는 점을 인식하고 있다"라고 말했다. 이후 미국 정부는 반도체 업체들과 자동차 업체들을 모아 여러 차례 화상회의를 개최했다.

TSMC, UMC 등 세계적인 파운드리 업체를 보유하고 있는 대만 정부는 이어지는 러브콜에 표정 관리를 하고 있다. 2021년 2월 미국과 접촉했던 왕메이화 대만 경제부장은 "차량용 반도체 칩 부족 현상이 세계적으로 큰 충격을 주고 있다"며 "하지만 민주 정부인 대만 정부가 개별 기업의 생산과 공급에 직접 개입할 순 없다"라고 거드름을 피웠다.

대만과 TSMC를 향한 강대국들의 구애와 압박은 두 달 넘게 계속됐다. 결국 TSMC는 생산라인 일부를 차량용 반도체로 전환해 공급량을 늘렸다.

스마트폰 등 다른 산업으로 확산된 부족 현상

○

"올해(2021년) 스마트폰용 반도체가 품절됐다. 그냥 모자라는 정도가 아니라 '극심하게' 부족하다." 류웨이빙 샤오미 부회장 (중국 지역 대표)이 2월 24일 중국 SNS 웨이보에 올린 글이다. 샤오미는 세계 3위(2020년 4분기 기준 점유율 11%) 스마트폰 업체로 상당한 구매 협상력을 보유하고 있다. 하지만 스마트폰용 AP 재고가 바닥나면서 이 재료가 들어가는 모델을 단종했다.

반도체 품귀는 자동차 산업에서 그치지 않았다. 전 산업으로 확산되는 분위기다. 글로벌 스마트폰 업체 A사는 2021년 3월께 동남아시아와 중동 지역에서 잘나가는 중저가 모델의 시판을 중단했다. 2020년 현지 판매량 '톱 10'에 든 기종이지만 퀄컴 AP 부족으로 제품 생산에 어려움을 겪자 내린 결정이다.

역시 원인은 반도체 칩의 공급 부족이다. 칩 수요는 폭발적으로 증가했는데 생산이 따라오지 못하고 있다. 2020년 하반기부터 삼성전자, 샤오미 등 주요 스마트폰 업체는 신제품을 경쟁적으로 출시했다. 시장조사 업체 CPR에 따르면, 글로벌 스마트폰 출하량은 2020년 6월부터 7개월 연속 전월 대비 증가했다.

코로나19 백신 개발 등에 따른 경기 회복 기대로 생산량을 대폭 늘리면서 스마트폰 업체들의 반도체 AP 확보 경쟁이 시작됐다. 주문은 시장 점유율 세계 1위(2020년 출하량 기준 30.7%)

인 퀄컴에 몰렸다. 퀄컴은 공장이 없는 팹리스여서 생산을 대만 TSMC, 삼성전자 등 파운드리 업체에 맡긴다.

시장조사 업체 IHS마킷에 따르면, 2021년 상반기 기준 차량용 반도체 리드타임(주문 후 조달까지 걸리는 시간)은 26~38주로 분석된다. 스마트폰용 반도체 리드타임도 비슷하다. 모델별로 차이가 있지만 퀄컴의 스냅드래곤 AP 리드타임은 약 30주, 블루투스 칩은 약 33주인 것으로 알려졌다. 퀄컴에 주문을 넣으면 7~8개월 뒤에야 받을 수 있다는 뜻이다. 세계 7위 스마트폰 업체 중국 리얼미의 고위 관계자는 2021년 3월 현지 기자들과 만나 "퀄컴의 AP, RF(무선주파수) 칩이 바닥났다"라고 밝혔다.

코로나 팬데믹 혼란 속 파운드리의 독주

○

반도체 품귀의 원인은 공급 부족이다. 그렇다면 왜 2021년 들어 반도체 공급 부족 현상이 본격화한 것일까? 스마트폰부터 가전, TV, 우주선까지 반도체가 안 들어가는 제품이 없기 때문이다. 5G(5세대 이동통신), AI, IoT(사물인터넷) 등 신기술이 등장하면서 각종 기기에 들어가는 반도체 수가 기하급수적으로 증가했다. 반도체가 '21세기의 석유'라고 불릴 정도다. 한 해 500조 원에 육박하는 세계 반도체 시장 규모는 머지않아

1,000조 원까지 커질 것으로 전망된다.

반도체를 가장 많이 만드는 국가는 대만과 한국이다. 두 국가가 세계 반도체 생산의 약 43%(대만 21.7%, 한국 20.9%)를 담당하며, 반도체 종주국인 미국(11.6%)을 크게 앞선다. 그래서인지 질시와 부러움을 동시에 받고 있다. 경제 전문 매체 〈블룸버그〉는 "한국과 대만의 반도체 파워가 미국과 중국을 흔들고 있다"라고 보도했다. 한국과 대만을 석유수출국기구(OPEC)에 비유하기도 했다.

반도체 공급 부족 얘기가 본격적으로 들리기 시작한 건 2021년 초부터다. 원인은 복합적이지만 세 가지 정도로 정리할 수 있다. 첫 번째는 자동차 반도체 부족이다. 자동차에는 200~400개의 반도체가 들어간다. 자동차 엔진 및 변속기를 제어하는 차량제어장치(ECU) 같은 핵심 부품부터 온도나 습도를 감지하는 센서 등 종류도 다양하다. 차량 전후방 카메라, 첨단 운전 보조 시스템(ADAS), 인포테인먼트(차량 내 정보를 제공하는 장치), 전자열쇠, 조명, 운전대, 사이드미러 등 반도체가 들어가지 않는 부품이 거의 없을 정도다. 이 중 한 품목이라도 부족하면 자동차 생산은 불가능해진다.

코로나19 팬데믹의 영향으로 글로벌 자동차 업체들은 2020년 상반기에 차를 많이 팔지 못했다. 그해 하반기에도 차가 안 팔릴 것으로 보고 차량용 반도체 주문을 크게 줄였다. 그런데 정작 하반기가 되니 상황이 달라졌다. 여행도 못 가고 '집콕'에 지친 사람들이 물건을 사는 것으로 욕구를 해소하기 시작한 것이다. 자연스럽게 글로벌 자동차 판매량이 반등했다. 코로나19 백신 출시가 가시화되면서 경기 회복에 대한 기대감도 커졌다. 자동차 회사들이 차량용 반도체를 부랴부랴 주문했지만 때는 늦었다. 반도체 생산 업체들이 자동차용 반도체 생산라인 대다수를 스마트폰·노트북용 반도체로 바꾼 뒤였다.

두 번째 이유론 2020년 하반기부터 시작된 홈이코노미 확산과 코로나19 백신 접종에 따른 경기 회복 기대감을 꼽을 수 있다. 2020년 하반기부터 세계적으로 재택경제가 확대되면서 가전, 노트북, 스마트폰 등에 대한 수요가 증가했다. 온라인에서는 가전과 TV가 불티나게 팔렸다. 샤오미·오포·비보 같은 중국 스마트폰 업체들은 신제품 출시에 적극적으로 나섰다.

자연스럽게 이들 제품에 들어가는 반도체 주문도 늘었다. 대만 TSMC, UMC, VIS 등 고객사의 주문을 받아 반도체를 생산하는 파운드리 업체들은 반도체를 공급하기 위해 공장을 쉬지 않고 돌렸다. 생산라인도 주문이 뜸한 자동차 대신 가전, 스마트폰, PC용으로 전환했다. 현재 파운드리 업체들의 주문은 1년치 이상 밀려 있다.

이런 상황에서 자동차 업체들이 차량용 반도체를 만들어달라고 요청한 것이다. 파운드리 업체들은 여유가 없다며 거절했다. 그러자 미국, EU, 일본 같은 강대국의 정부가 직접 대만 업체들에 차량용 반도체를 만들라고 압박하기 시작했다. 자국 정부까지 가세해 억누르자, 대만 파운드리 업체들은 하나둘씩 "생산라인의 10~15%를 자동차 반도체용으로 내놓겠다"라며 백기를 들었다.

이 때문에 발등에 불이 떨어진 건 스마트폰과 가전 업체들이다. 자사 제품용 반도체 공급도 빠듯한데 갑자기 공급량의 10~15%를 잃게 된 것이다. 이렇게 되자 스마트폰의 두뇌 역할을 하는 AP 칩이 부족해졌다. 요즘 스마트폰 업체들은 세계 1위 AP 업체 퀄컴의 칩이 부족해 제품 생산에 어려움을 겪고 있다.

세 번째 원인은 글로벌 반도체 생산 구조다. 글로벌 반도체 산업의 과도한 파운드리 의존도가 문제라는 뜻이다. 반도체 산업은 제품을 설계하고 판매하는 팹리스와 팹리스의 주문을 받아 반도체 생산을 주업으로 하는 파운드리로 분업화되어 있다. 물론 인텔이나 삼성전자와 같이 설계·생산·판매를 다 하는 종합 반도체 기업(IDM)도 있지만, 그 수는 점점 줄어들고 있다. 인텔의 경쟁 업체로 유명한 CPU 전문 기업 미국 AMD도 생산 시설을 매각하고 팹리스로 전환했다. 대규모 자본투자가 필요한 생산을 포기하고 설계에 집중해서 승부를 본다는 전략이다.

파운드리에 대한 반도체 생산 의존도는 점점 높아졌다. 파운드리 시장 규모(2020년 846억 달러)가 D 램 시장(2020년 656억 달러)을 역전한 지 오래다. 평상시엔 파운드리 업체들이 수요에 대응해 시설 투자를 단행하며 공급량을 맞췄다. 그런데 2020년 하반기처럼 주문이 한 번에 몰리는 특수 상황이 되면서 탈이 나기 시작했다. 제품을 만들고 싶어도 생산시설이 부족해 못 만드는 상황이 된 것이다.

파운드리 업체 입장에선 공급 부족 상황이 나쁠 게 없다. 완벽한 '갑'이 돼 단가를 올리면서 고객을 골라 받을 수 있으니 말이다. 실제로 TSMC, UMC 같은 대만의 파운드리 업체들은 서비스 단가를 15~20% 올리고 대규모 장기 고객에게 주던 할인 정책을 2021년 초부터 폐지했다.

부메랑은 스마트폰, 자동차 업체들이 맞고 있다. 반도체가 부족해 제품을 못 만드는 상황에선 가격 인상을 용인할 수밖에 없다. 증권가에선 원가 상승 압박을 받을 것이란 전망이 나왔다. 반도체 가격이 10% 오르면 차량 원가는 1% 상승한다. 영업이익률이 높지 않은 전동차 업체 입장에선 작지 않은 타격이다.

반도체 공급 부족은 언제 해결될까? 전문가들 사이에선 '1년 이상 갈 것'이란 전망이 우세하다. '2~3년'을 부르는 목소리도 있다. 파운드리 업체들이 앞다퉈 증설을 선언하고 있지만 본격적인 제품 생산은 1년 뒤에나 가능하기 때문이다. 나노미터 단위 소재와 제품을 다루는 반도체 산업의 특성상 부지 확보부터

라인 설계, 건설, 장비 주문, 시험생산까지 뭐 하나 소홀히 다룰 수 없다.

결과적으로 글로벌 산업에서 반도체 기업들의 몸값만 올라가게 됐다. 미국, EU, 중국에 한국까지 뒤엉켜 반도체 패권 전쟁을 벌이는 이유다. TV·자동차·스마트폰 등 완성품 업체들은 상당 기간 고난의 시기를 겪을 것으로 전망된다. 코로나19가 불러온 수요와 공급의 불일치가 거대한 폭풍이 돼 글로벌 산업계와 정치권을 강타하고 있다.

거세지는 갈등 속 삼성전자의 행보

삼성전자에 쏟아지는 러브콜

○

반도체 부족이 심화되면서 삼성전자가 각국 정부의 러브콜을 받고 있다. 각국은 공급망을 재점검하고 역내 공급망을 강화하는 회의를 하자며 삼성전자에 한번 만나자는 신호를 보내고 있다. 결국은 자국에 반도체 공장을 지어달라는 압박이다.

미국이 가장 적극적이고 노골적이다. 백악관은 수시로 삼성전자를 호출한다. 2021년 3월 한·미·일 3국 안보실장 회의에서 반도체 공급망 협력을 논의한 데 이어, 4월 12일 백악관에서 열린 반도체 공급망 점검 회의에 삼성전자가 초청된 게 대표적인 사례다. 당시 미국 언론은 제이크 설리번 백악관 국가안보보좌관과 브라이언 디스 국가경제위원회 위원장이 산업계 지도자들을 만나 세계적 반도체 품귀 현상과 그 대책을 논의할 예정이라고 설명했다.

초청받은 기업 중에서 반도체 제조 업체인 삼성전자, TSMC가 주목받았다. 반도체 업계에선 백악관의 삼성전자 호출을 미국 내에 반도체 파운드리 공장 증설을 서두르라는 강력한 압박으로 해석했다.

한 번으로 끝나지 않았다. 지나 러몬도 미국 상무부 장관은 글로벌 반도체 공급 부족 사태에 대한 대응 방안을 논의한다는 명목으로 5월 20일 삼성전자 등 글로벌 기업들과 화상회의를 열었다. 4월 12일 백악관에서 열린 첫 회의에는 조 바이든 미국 대통령이 웨이퍼를 들고 흔들며 미국 중심의 반도체 공급망 강화를 주장했다. 공교롭게도 2차 회의는 한·미 정상회담(5월 21일) 하루 전에 열렸는데, 참석 기업들에 구체적인 미국 투자 계획을 요구했다.

반도체 기업 유치에 적극적인 EU도 대만 TSMC와 함께 삼성전자에 적극적으로 러브콜을 보내고 있다. 〈블룸버그〉는 "EU가 삼성전자와 TSMC의 반도체 육성 정책 참여를 최우선으로 고려하고 있다"라고 보도했다. 프랑스 재무부 관계자는 2021년 2월 브리핑에서 "TSMC와 삼성전자는 가장 혁신적인 반도체를 제조할 수 있는 글로벌 기업"이라며 "아직까진 결정된 바가 없지만 EU가 추진하는 프로젝트에도 참여할 수 있다"라고 언급했다. 이에 대해 EU 집행위원회는 공식적인 대응을 하지 않았고 삼성전자도 별다른 답을 내놓지 않았다. TSMC는

〈블룸버그〉에 "가능성을 배제하진 않지만 구체적인 계획은 없다"라고 밝혔다.

중국도 반도체 기업 다잡기에 나섰다. 2021년 4월 중국 푸젠성 샤먼에서 열린 정의용 외교부 장관과 왕이 중국 외교 담당 국무위원 겸 외교부장의 회담 이후, 중국의 공식 발표문에는 반도체를 포함한 첨단 기술 분야에 대한 협력이 주요 내용으로 포함됐다. 중국 외교부는 "중국은 한중 자유무역협정(FTA) 2단계 협상을 조기에 타결하고 한국과 5G, 빅데이터, 녹색경제, AI, 반도체 집적회로, 신에너지, 보건 산업 등의 분야에서 협력을 중점적으로 강화해 질 높은 협력 파트너가 되기를 원한다"라고 발표했다. 중국이 반도체 공급망의 핵심 국가인 한국과의 협력을 바란다고 공개적으로 밝힌 것은 미국이 반도체를 안보 이슈로 다루는 데 대한 우려를 반영한 것으로 평가된다.

파운드리 1위를 향한 삼성전자의 적극적 투자 공세

○

각국이 삼성전자에 공을 들이는 이유가 뭘까? 전 세계 반도체 시장에서 인텔과 함께 초강자로 군림하고 있는 삼성전자의 압도적인 위상 영향이 크다.

삼성전자 경기 화성 사업장 메모리 사업부 건물 1층 로비엔 대형 전자시계가 하나 있다. 이 시계는 D램 1위 수성 기간을 보여준다. 2020년 8월 20일 화성 사업장을 방문했을 때 시계는 '27년 231일'을 표시하고 있었다. 시계의 숫자 밑에는 '레전드 오브 월드 넘버원(세계 1위의 전설)'이라는 문구가 새겨져 있다. 삼성전자 임직원은 로비를 지날 때마다 '세계 톱 클래스'란 자부심과 '수성(守城)'의 긴장감을 동시에 느낀다고 한다.

D램, 낸드플래시 등 메모리반도체 시장에서 삼성전자는 확고한 세계 1위다. 대만의 반도체 전문 시장조사 업체 트렌드포스에 따르면 2021년 1분기 기준 삼성전자의 세계 D램 시장 점유율은 42.0%로 1위이고, 그 뒤를 SK하이닉스(29.9%)와 미국 마이크론(23.1%)이 잇고 있다. 낸드플래시 시장에서도 삼성전자의 점유율은 32.9%로 세계 1위다.

2019년부터는 파운드리 사업에서도 세계 1위를 노리고 있다. 트렌드포스에 따르면 2021년 1분기 기준 TSMC의 시장 점유율은 56%, 삼성전자가 18%로 격차가 작지 않다. 하지만 선폭 10나노미터 이하 최첨단 공정에선 두 회사가 대등한 경쟁을 벌이고 있다는 평가가 나온다.

삼성전자는 메모리반도체 1위를 수성하고, 파운드리를 포함한 시스템반도체에서 1위를 추격하기 위해 매년 수십조 원을 반도체 공장 건설과 장비 구입 등에 쏟아붓고 있다. 2020년 기준 삼성전자의 반도체 설비투자액은 총 32조 8,915억 원에 달한다.

앞으로도 삼성전자의 투자는 계속 증가할 전망이다. 5G 확산과 AI 기능의 전자제품 탑재 등의 영향으로 고용량·초고속·저전력 반도체에 대한 수요가 계속 커지고 있으므로, 삼성전자 입장에선 반도체 공장을 계속 지어 생산량을 늘리고 연구개발을 지속해야 고객사의 수요를 충족시킬 수 있어서다.

삼성전자가 2021년 5월 13일 평택 3공장 건설 현장에서 열린 'K-반도체 전략 보고대회'에서 대규모 투자 계획을 발표한 게 대표적인 사례다. 이날 행사에서 김기남 삼성전자 부회장(2021년 12월 회장으로 승진)은 "파운드리 등 시스템반도체 사업에 2030년까지 171조 원을 투자할 계획"이라고 밝혔다. 이는 2019년 4월 '반도체 비전 2030'에서 공개한 투자액(133조 원)에 38조 원을 더한 것이다.

이 같은 대규모 투자를 단행하는 삼성전자는 각국 입장에서 꼭 유치해야 할 기업으로 꼽힌다. 자국에 투자액의 일부만 집행해도 공장 건설에 따른 고용 유발 효과, 반도체 후공정 등 연관산업 발전, 지역경제 활성화 등 경제에 긍정적인 영향을 주기 때문이다.

삼성전자가 미국 텍사스주 테일러시에 짓기로 한 파운드리 공장은 공장 유치의 긍정적인 효과를 보여주는 대표적인 사례다. 삼성전자는 총투자액을 170억 달러로 제시했다.

이 같은 경제적 효과 외에 반도체 품귀 현상을 겪으면서 공급망 확보의 필요성도 커졌다. 자국에 반도체 생산 공장을 유치해야 코로나19 사태에 따른 국경 차단 등 비상 상황에서도 반도체를 어렵지 않게 조달할 가능성이 커지기 때문이다.

삼성이 감수해야 할 리스크 요인도 많다. 인텔이 삼성전자에 외주 생산을 맡길 물량이 예상보다 적을 것이란 관측이 나온다. 인텔은 2021년 1분기에 GPU[15] 외주 물량을 TSMC에 넘겼고, 삼성전자엔 '사우스 브리지(south bridge)'로 불리는 메인보드 칩세트 생산을 맡겼다. 이 물량은 월 1만 5,000장(웨이퍼 투입량 기준) 정도로 오스틴 공장 생산능력(CAPA) 월 9만 장의 16% 수준에 그친다. 여기에 인텔은 핵심 제품인 CPU와 관련해선 "대부분 자체 생산할 것"이라고 공언한 상황이다.

삼성이 경기 평택 2공장에 들어설 EUV 노광장비를 활용한 파운드리 라인에 10조 원을 투자하는 등 2020년부터 국내 투자를 본격화했다는 점도 고려해야 한다. 2020년 10월엔 약 30조 원이 들어가는 평택 3공장도 착공했다. 자칫하면 과잉 투자 가능성을 무시할 수 없는 상황이다. 삼성전자로선 과거의 뼈아픈 경험도 있다. 2012년 12월 39억 달러를 들여 오스틴 파운드리 공장을 증설한다고 발표했는데, 당시 주요 고객사였던 애플이

---

15 Graphic Processing Unit. 그래픽처리장치.

TSMC로 외주 물량을 옮기는 바람에 곤경에 처했던 게 대표적인 사례다.

중국의 압박에 진퇴양난

○

삼성전자로서는 중국도 고려할 게 많은 국가다. 미국과 중국의 분쟁은 한국이 스탠스를 정하기 전에 이것저것 따져보고 고려해볼 게 많은 사안으로 꼽힌다.

중국은 단일 국가 기준 삼성전자의 최대 시장이다. 2020년

삼성전자 지역별 매출

(단위: 억 원)

구분		제52기	제51기	제50기
내수	국내	198,331	203,009	168,213
수출	미주	476,768	437,434	464,124
	유럽	235,012	191,970	192,783
	아시아·아프리카	315,598	329,705	330,903
	중국	437,403	385,611	547,796
계		1,663,112	1,547,729	1,703,819

※ 별도 기준의 내수·수출 매출 현황
※ 제52기는 2020년

삼성전자의 중국 매출은 총 43조 7,403억 원으로, 전체 매출(별도 재무제표 기준) 166조 3,112억 원의 26.3% 수준이다. 미주(북미+남미) 매출(47조 6,768억 원)보단 적지만 유럽(23조 5,012억 원), 아시아(중국 제외)·아프리카(31조 5,598억 원)보다 많다.

주요 수출품은 반도체, 디스플레이패널, 가전(TV 포함) 등이다. 삼성전자의 5대 매출처에 전동공구 전문 업체 홍콩테크트로닉스가 들어 있을 정도다. 홍콩테크트로닉스는 삼성전자로에서 반도체를 주로 구매한다. 2020년 미국의 대중국 수출 규제가 본격화하기 전엔 화웨이가 5대 매출처에 들었다.

스마트폰은 예전만 못하다. 시장조사 업체 스트래티지애널리틱스에 따르면 2020년 4분기 기준 삼성전자의 중국 시장 점유율은 0.8%, 순위는 12위다. 프리미엄 시장에선 애플, 중저가 제품군에선 샤오미·오포·비보에 밀렸다.

중국에는 TV·스마트폰 등의 제품 판매법인인 베이징 SCIC, 홍콩 SEHK 등과 반도체·디스플레이 판매법인인 상하이 SSS, 시안 SSCX가 있다. 중국인들에게 삼성전자가 자칫 미국 쪽에 기운 듯한 인상을 주면 타격이 작지 않을 것으로 전망된다.

더 큰 고려사항은 삼성전자가 중국에 반도체 관련 대규모 설비투자를 단행했다는 것이다. 반도체 기업들은 우선 공장 건물을 세우고 장비가 들어갈 클린룸을 만든 뒤 단계별로 장비를 반입한다. 삼성전자는 2012년 착공, 2014년 가동한 시안 1공장에

108억 달러를 투자했다. 그리고 2017년 8월엔 중국 시안 2공장에 3년간 70억 달러를 투자할 계획이라고 공식 발표했다. 1단계 투자로 2020년 3월 투자가 완료됐다. 2019년 12월엔 80억 달러 규모의 시안 2공장 2단계 투자를 단행했다. 시안 2공장 투자액이 150억 달러에 달하는 것이다. 1단계와 2단계를 합친 총 투자액은 258억 달러에 달하며, 시안 공장의 낸드플래시 생산량은 월 25만 장(웨이퍼 투입량 기준) 수준이다.

삼성전자가 중국에 반도체 생산기지를 구축한 것은 반도체의 대중국(홍콩 포함) 수출 비중이 60% 이상이라서다. 저렴한 인건비와 높은 인센티브 때문에 중국이 반도체 공급망의 핵심 기지 역할을 한 영향도 있다. 인텔도 중국에 낸드플래시 공장을 지을 정도다.

미·중 갈등으로 삼성전자의 고민이 커졌다. 국책 연구기관인 산업연구원은 실현 가능성은 작다는 것을 전제로 "미국이 한국·대만·일본 등 동북아 공급망 주요국과 중국 간의 반도체 중간재 교역에 제재 조치를 발동할 가능성도 배제할 수 없다"라고 전망했다. 지금도 한국 반도체 업계 관계자들은 미국의 반도체 공급망 재편과 그에 따른 중국의 대응을 예의주시하고 있다.

신성장동력 확보를 위한 치열한 M&A 전쟁

패권 경쟁 앞두고 몸집 불리기 나선 기업들

○

반도체 패권 경쟁의 와중에 각국을 대표하는 반도체 기업들도 미래를 건 건곤일척의 진검승부를 벌이고 있다. 반도체 패권을 두고 치열하게 싸우고 있는 각국과 연합전선을 펼치기도 한다. 기업과 국가의 목표가 같기 때문이다. 계속 성장하는 글로벌 반도체 시장에서 점유율을 높이고 경쟁력을 확보하겠다는 것이다.

인수합병(M&A) 시장에서 반도체 기업의 치열한 수 싸움이 벌어지고 있다. M&A는 기업들 입장에서 가장 손쉬운 경쟁력 강화 방안으로 꼽힌다. 물론 실탄, 즉 돈이 충분하다는 전제하에서다.

반도체 기술이 점점 고도화하면서 연간 20조~30조 원의 자금을 연구개발에 투입해도 기술의 진보를 이루는 건 쉽지 않다. 과거에 20조 원을 투자해 한 걸음 앞으로 나갔다면, 2020년대

엔 반 걸음 나가기도 어려운 상황이라는 게 반도체 전문가들의 평가다.

이런 상황에서 M&A를 하면 피인수 기업의 생산설비는 물론이고 지식재산권(IP)과 인력 등을 통째로 가져올 수 있다. 글로벌 반도체 기업들이 수십조 원의 자금을 탈탈 털어 눈에 불을 켜고 인수 대상 기업을 찾는 이유다.

수치로도 증명된다. 시장조사 업체 IC인사이츠에 따르면 2020년 전 세계 반도체 시장에서 체결된 M&A 규모는 총 1,180억 달러로 집계됐다. 역대 최대 규모로 2019년(약 315억 달러)보다 275% 급증했다. 건당 M&A 금액이 10조 원 이상인 대형 딜도 심심찮게 발생하고 있다.

반도체 M&A 계약 규모

(단위: 억 달러)

2015년 이전 연평균 = 1,077억 달러
2015년 이후 연평균 = 688억 달러

취소된 거래로 인한 감소
(퀄컴의 NXP 인수 계획 포함)

2010: 77
2011: 170
2012: 95
2013: 118
2014: 169
2015: 1,077
2016: 1,007 / 598
2017: 284
2018: 266
2019: 315
2020: 1,180

자료: IC인사이츠

최근 반도체 M&A 유형은 크게 두 가지로 나뉜다.

첫째, 완전히 같지는 않지만 비슷한 제품을 만드는 기업 간의 결합이다. 포트폴리오 다변화, 시장 점유율 향상, 규모의 경제 등이 주요 목적이다. 미국 반도체 업체 아날로그디바이스가 2020년 7월 23조 원을 들여 맥심의 주식 69%를 취득한 게 대표적인 사례로 꼽힌다. 아날로그디바이스와 맥심은 빛이나 소리 같은 아날로그 신호를 디지털로 변환하는 아날로그반도체에 강점이 있는 업체다. 휴대전화 통화 시 사람의 목소리를 전자 신호로 변환하거나 주위의 빛을 전자 신호로 감지하여 자동차 조명의 밝기를 조절하는 반도체가 대표적이다.

두 회사의 주력 제품은 약간 다르다. 맥심은 자동차와 데이터 센터 시장에 강점이 있고, 아날로그디바이스는 통신 및 디지털 의료 시장에서 경쟁력을 갖고 있다. 두 기업의 결합으로 포트폴리오가 강화되는 효과가 있다. 반도체 업계에선 아날로그디바이스가 예상 매출 82억 달러의 업체로 몸집을 불렸다.

또 다른 유사 업체 간 대형 M&A는 반도체 원료인 웨이퍼 업체들끼리 진행됐다. 대만의 글로벌 웨이퍼스는 2021년 1월 독일 실트로닉 주식 50% 이상을 45억 달러에 취득한다고 발표했다. 글로벌 웨이퍼스는 '시노 아메리칸 실리콘 프로덕트'가 최대주주로 2020년 매출은 580억 대만 달러, 영업이익은 180억 대만 달러를 기록했다. 실트로닉은 스마트폰과 컴퓨터, 내비게이션 및 디지털 디스플레이에 사용되는 반도체 웨이퍼를 생산하는 업체다. 2020년 매출이 13억 유로였고 영업이익은 3억 유로였다.

웨이퍼 시장 세계 3위인 글로벌웨이퍼스는 실트로닉 인수를 통해 시장 내 입지를 강화하는 동시에 5G, IoT 분야에서의 신규 수요에 대응하는 역량을 강화할 계획이다. 인수 이후 합병 회사의 웨이퍼 시장 점유율은 28%로 세계 2위가 된다. 하지만 1·3위 사업자들과의 점유율 격차가 각 5%p 수준에 불과해 시장 내 경쟁이 지속될 것으로 예상된다.

둘째, 서로 다른 기업 간의 결합으로 이런 이종결합 양상도 뚜렷해졌다. CPU와 GPU 등을 설계해 판매하는 미국 AMD는 2020년 10월 AI 및 프로그래머블 반도체(FPGA) 설계 업체인 자일링스를 350억 달러에 인수하는 계약을 체결했다. CPU는 컴퓨터의 중앙처리장치를 말하고, GPU는 그래픽처리장치를 말한다. FPGA 반도체는 기존 반도체와 달리 용도에 맞게 회로를 다시 프로그래밍할 수 있는 반도체로, 항공·자동차·통신 등의 분야에서 주로 사용된다.

자일링스는 AMD, 엔비디아, 퀄컴처럼 일반 소비자에게 친숙한 팹리스는 아니다. 미국 캘리포니아주 새너제이에 본사가 있고 CEO는 2008년까지 AMD에서 부사장을 맡았던 빅터 펭이다. 주력 사업은 무선통신, 자동차, 항공우주, 군사통신, 레이 더 시스템 등에 활용되는 반도체의 개발·판매다. 생산은 주로 대만 파운드리 업체 TSMC를 이용하는 것으로 알려졌다. 주목할 만한 점은 자일링스가 FPGA를 개발한다는 점이다. FPGA는 전력 소비가 크고 복잡한 설계에 적용할 순 없지만, 개발에 긴 시간이 소요되지 않는 게 특징으로 꼽힌다.

AMD가 자일링스를 인수한 건 빠르게 성장하는 데이터센터 산업의 고성능 컴퓨팅(HPC) 수요에 대응하고 5G, 자율주행차, 항공, 방위산업 등의 최신 분야로 사업 영역을 확장하려는 의도로 분석된다. 좀더 구체적으로 보면 인수 목적은 데이터센터용 제품의 경쟁력 강화가 꼽힌다. 최근 데이터센터에선 AI를 통한 데이터 처리 성능이 중요시되는데, 경쟁은 처리 속도 쪽에 집중되고 있다. AMD의 데이터센터용 제품은 경쟁사인 인텔이나 엔비디아 제품보다 다소 약하다는 평가를 받고 있다. 이런 상황에서 AI를 통한 데이터 처리 가속 플랫폼 분야에서 선전하고 있는 자일링스를 인수해, 단숨에 데이터센터용 제품의 경쟁력을 인텔·엔비디아만큼 높이겠다는 것이다.

비슷한 시기 GPU의 진정한 강자로 꼽히는 엔비디아도 대형 딜을 발표했다. 2020년 10월 '팹리스 중의 팹리스'로 불리는 영국 ARM을 400억 달러에 인수하는 계약을 체결했다. 엔비디아의 ARM 인수 목적은 AI 반도체 사업에서의 시너지 창출이다. 업계는 엔비디아가 설계를 전문으로 하는 ARM에 AI 관련 반도체 기술을 이식해 자율주행이나 IoT 시장을 장악하는 데 나설 것으로 예측한다. 젠슨 황 엔비디아 CEO는 "엔비디아의 AI·그래픽 기술이 ARM의 생태계와 결합해 지식재산권 포트폴리오를 확대하는 데 도움을 줄 것"이라고 말했다.

반도체 제국 인텔의 낸드 사업을 품은 SK하이닉스

○

한국 반도체 기업들의 M&A 시도도 활발하다. 인텔 낸드플래시 사업 인수를 결정한 SK하이닉스가 대표적이다. 2020년 10월 20일(현지 시각) 〈월스트리트저널〉은 'Exclusive(특종)' 타이틀을 달고 "SK하이닉스가 인텔 낸드플래시 사업부를 인수한다"라고 보도했다. 이후 과정은 전광석화와 같았다. SK하이닉스는 〈월스트리트저널〉 보도 당일 한국 주식시장이 열리자마자 "미국 인텔의 메모리 부문인 낸드플래시 사업을 90억 달러에 사들인다"라고 공시했다. 2016년 삼성전자의 하만 인수(80억 달러)를 뛰어넘는 금액으로, 한국 기업의 해외 M&A로는 역대 최대 규모다.

구체적인 인수 대상은 낸드와 낸드로 제조한 SSD,[16] 웨이퍼

---

16 Solid State Drive. 메모리를 채용한 데이터 저장장치.

비즈니스, 중국 다롄 생산시설 등이다. 인텔의 차세대 제품을 개발 중인 옵테인메모리 사업부를 제외한 낸드 사업 전체를 사들이기로 한 것이다. 이 인수 작업은 현재 각국 경쟁 당국의 심사를 받고 있다. 미국과 EU 경쟁 당국은 2021년 상반기 현재 승인한다고 발표했다.

SK하이닉스는 왜 10조 원이란 거금을 들여 인텔의 낸드플래시 사업을 인수하려고 할까? 30%(D램)와 10%(낸드)라는 숫자에 답이 있다. SK하이닉스는 D램 시장에서 점유율 30% 수준을 유지하며 삼성전자와 함께 확실한 양강구도를 구축했다. 반면 점유율 10% 근처를 왔다 갔다 하는 낸드플래시(낸드) 사업

2021년 2분기 낸드플래시 시장 점유율

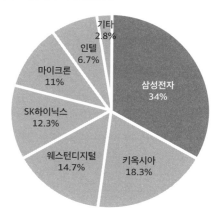

자료: 트렌드포스

은 회사를 위험에 빠뜨릴 수 있는 리스크 요인이다. 시장 변동성이 큰 D램 의존도를 줄여야 한다는 절박함과 언제든지 낸드 분야에서 후발주자로 밀려날 수 있다는 위기감이 SK하이닉스가 10조 원이란 거금을 들여 인텔의 낸드 사업 인수를 결단한 배경이다.

SK하이닉스가 20일 밝힌 인텔의 낸드 메모리와 저장장치 사업 인수 대상에는 낸드·SSD 사업과 특허 등 설계 자산, 인력, 중국 다롄 공장 등이 모두 포함됐다. 회사의 취약점으로 꼽히는 낸드 시장에서의 열세를 뒤집기 위한 핵심 자산들이 모두 들어 있다. 게다가 SK하이닉스 낸드 사업은 2021년 1분기까지 아홉 분기 연속 적자에 빠진 상태여서 반전의 계기가 절실한 상황이었다.

반도체 시장에서 차세대 먹거리로 꼽히는 SSD 사업 역시 취약한 시장 영향력을 극복할 카드가 필요했다. SSD는 낸드플래시와 D램 등을 여러 개 이어 붙여 제조하는 저장장치다. 특히 기업용 SSD는 구글·아마존·메타(구 페이스북) 등이 가동하는 데이터센터 서버의 핵심 부품으로 꼽힌다. 세계 시장은 2019년 105억 달러에서 2024년 307억 달러 규모로 성장할 것으로 전망된다.

SK하이닉스의 기업용 SSD 점유율은 7% 수준으로 삼성전자(30%대 중반)에 한참 못 미친다. 낸드를 SSD로 개발하는 솔루션 기술력이 약한 게 가장 큰 원인으로 꼽힌다. 반도체 전문가는 "삼성전자 등 1~2위 업체들이 치킨게임을 시작한다면 SK하이닉스는 벼랑 끝으로 몰릴 정도로 취약한 상황"이라고 설명했다.

D램 의존도가 높은 SK하이닉스의 약점을 해소하려는 목적도 있다. 2019년 매출 기준 D램과 낸드 비중은 7:3 수준으로 추정된다. 인텔 낸드 사업 인수로 D램 사업의 리스크를 보완하고 균형 잡힌 사업 포트폴리오를 갖출 수 있을 것이란 분석이 나온다.

인텔의 낸드·SSD 사업 인수는 SK하이닉스의 이 같은 고민을 일거에 떨쳐낼 카드로 꼽혔다. 인텔의 낸드플래시 시장 점유율은 10% 수준으로, SK하이닉스와 합치면 20%대를 기록하니 단숨에 2위권으로 뛰어오를 수 있다.

기업용 SSD에서 인텔의 위상은 더욱 강력하다. 인텔은 CPU 개발 과정에서 쌓은 솔루션 기술력을 바탕으로 기업용 SSD 시장 세계 2위(29.6%)에 올라 있다. SK하이닉스(7.1%)와 합치면 삼성전자(34.1%)를 제치고 세계 1위로 올라선다.

이번 인수 계약은 두 단계로 나눠 이뤄진다. SK하이닉스는 우선 각국 경쟁 당국의 기업결합 심사 승인을 받은 뒤 70억 달러를 지급하고 SSD 관련 사업, 인력, 특허 등을 먼저 인수한다. 나머지 낸드와 낸드 웨이퍼 사업은 2025년께 20억 달러를 주고 인수할 계획이다. 낸드 사업 인수가 2025년께 이뤄지는 건 인텔이 낸드 사업에서 협력했던 미국 마이크론과의 계약 때문인 것으로 알려졌다.

90억 달러에 달하는 인수 금액에 대해 시장에선 비싸게 주고 산 것 아니냐는 지적도 나온다. 인텔의 낸드·SSD 사업 총자산은 7조 8,000억 원에 달하지만 최근 3년간 누적 적자가 20억 달러에 달할 정도로 이익률이 낮다는 이유에서다.

전문가들 사이에선 그러나 잘한 계약이란 평가가 우세하다. 계약의 외부 평가를 맡은 안진회계법인은 "인텔 사업부의 가치는 9조 5,944억 원에서 11조 1,123억 원의 범위에 있다"며 "인수 금액에 대해 적정하지 않다고 판단할 근거가 없다"라고 분석했다. 인수대금을 나눠 지급하기 때문에 자금 부담도 크지 않다는 분석이다.

경제계도 긍정적인 반응을 보였다. SK하이닉스가 삼성전자와 함께 D램에 이어 낸드 부문에서도 나란히 글로벌 1, 2위를 차지하며 세계 메모리반도체 시장을 주도하는 쌍두마차 역할을 하리라는 기대에서다. 황철성 서울대 재료공학부 석좌교수는 "SK하이닉스로선 인텔의 솔루션 기술을 확보할 절호의 찬스를 잡은 것"이라며 "낸드 시장에서 2위에 오르며 규모의 경제 효과를 누릴 수 있다는 것도 긍정적"이라고 평가했다.

삼성전자도 대형 M&A 준비

○

삼성전자도 가만히 있는 건 아니다. 최윤호 삼성전자 최고재무책임자(당시 CFO · 사장)가 2021년 1월 열린 콘퍼런스콜(전화 실적설명회)에서 "3년 안에 의미 있는 M&A 추진을 약속한다"라고 말할 정도로 상당 기간 M&A를 준비했다. 시장의 눈길은 자동차 반도체 업계에 쏠리고 있다. 삼성전자가 M&A를 통해 시너지를 얻을 수 있는 핵심 사업이라는 이유에서다. 투자은행(IB) 업계에선 최윤호 사장이 "많은 준비가 진행된 상태"라고 발언한 데 주목하고 있다. 삼성이 기한까지 제시한 것 역시 딜이 상당 부분 진척됐다는 신호로 받아들이고 있다.

인수 물망에 오른 기업들은 네덜란드의 NXP, 미국의 텍사스인스트루먼트, 일본의 르네사스일렉트로닉스다. 업계에선 삼성전자가 NXP 인수를 검토 중이라는 설이 꾸준히 제기돼왔지만, 삼성전자는 오래전부터 복수의 기업 중에서 가장 조건에 맞는 대상을 물색해온 것으로 알려졌다. 한 IB 업계 관계자는 "2019년 삼성전자 측에서 이미 NXP와 텍사스인스트루먼트 사업장을 실사했다"라고 말했다. 최윤호 사장도 콘퍼런스콜에서 "지난 3년 동안 지속적으로 M&A 대상을 매우 신중히 검토해왔다"라고 설명했다.

삼성전자가 자동차 반도체를 점 찍은 이유는 성장성 때문이다. 시장조사 업체 가트너에 따르면 2018년 자동차 한 대에 들어가는 반도체는 400달러어치 수준이었지만 자율주행차가 대중화되는 2024년에는 대당 1,000달러어치를 넘을 것으로 예측된다. 보수적인 자동차 업계 특성상 반도체를 납품할 때까지 장기간 검증이 필수다. 기존 업체를 인수하는 게 더 효과적이라는 분석이다.

삼성이 검토 중인 업체마다 강점이 있다. 차량용 AP, 인포테인먼트 등 기술 역량이 뛰어난 NXP는 하만과의 시너지가 클 것으로 예상된다. 텍사스인스트루먼트는 아날로그반도체 노하우를 활용해 고전압에 강한 반도체 제조 기술에 특화됐다. 강한 전류가 흐르는 전기차(EV)용 반도체에 필수적인 기술이다. 르네사스는 MCU 분야 선두 업체다. 차량용 반도체 시장에서 가장 큰 비중(30%)을 차지하는 부품이다. 르네사스의 MCU 점유율은 31%로 NXP와 어깨를 나란히 한다. 2018년 반도체 설계 업체인 IDT를 인수해 자율주행 반도체 역량도 키웠다. 다만 경색된 한·일 관계와 기업 문화 차이 등이 걸림돌로 지목된다.

삼성전자 고위 관계자는 M&A에 대해 "뜸을 들이고 있는 상태"라고 말했다. 업계에서도 삼성전자가 기한까지 제시할 정도로 진도가 나갔다고 보고 있다. 이재용 삼성전자 부회장이 2021년 8월 가석방으로 출소한 이후 삼성전자는 M&A 대상을 찾는 데 더욱 적극적으로 나서고 있다.

업계에선 삼성이 하만 인수 이후 가장 큰 규모의 딜을 추진할 것이란 예측이 지배적이다. 삼성전자의 M&A 대상으로 거론되는 NXP의 시가총액은 2021년 11월 11일 기준 68조 3,770억 원, 르네사스의 시가총액은 20조 7,550억 원에 달한다. 보통 M&A 가격을 결정할 때는 시가총액에 10% 정도의 경영권 프리미엄이 더 붙는다. 즉 삼성전자가 NXP를 사려면 총 75조 원, 르네사스 인수엔 23조 원 정도가 필요하다는 얘기다. 삼성전자의 여력도 충분하다는 평가가 나온다. 현금성 자산만 116조 원 (2020년 3분기 말 기준)에 달한다. M&A가 여러 건 성사될 가능성도 있다.

박재근 한양대 융합전자공학부 교수는 "2030년께 매년 신규 전기차가 3억 대씩 쏟아져 나와 고속 AP가 대당 3개만 들어가도 10억 개가 필요하다"며 "자율주행차 진입 단계인 지금 차량용 반도체 회사를 인수하면 시장을 선점하기 유리해질 것"이라고 말했다.

각국 정부의 승인을 받아야 완료되는 M&A

○

이 같은 반도체 기업들의 M&A는 계약을 체결한다고 끝나는 게 아니다. 각국 경쟁 당국들, 쉽게 말해 미국 연방거래위원회, EU

집행위원회 등 한국의 공정거래위원회 역할을 하는 정부 기관의 승인을 받아야 한다. 이 기관들은 M&A 때문에 특정 업체의 점유율이 높아져 독과점의 폐해가 발생할 수 있는지를 살피고, 기업 간 M&A가 시장에 영향을 주는 국가에선 경쟁 당국이 의무적으로 M&A를 심사한다. 여러 국가 중 한 곳에서라도 인수 불허 의견을 내면 M&A는 허용되지 않는다.

경쟁 당국이 M&A를 허가하지 않아 딜이 엎어진 사례도 있다. 미국을 대표하는 팹리스 퀄컴이 네덜란드의 아날로그반도체 전문 업체 NXP를 인수하려다가 불발된 게 대표적인 사례다. 세계 최대(매출 기준) 스마트폰 AP 생산 업체인 퀄컴은 신성장동력을 찾기 위해 2016년 440억 달러에 NXP를 인수하기로 합의했다. 하지만 당시 미·중 무역마찰이 상호 관세 부과를 개시하는 무역 전쟁 수준으로 확대되면서 결국 NXP 인수 시한인 2018년 7월까지 중국 경쟁 당국의 인수 승인을 얻지 못했다. 퀄컴은 NXP 인수 합의 후 9개 관련 국가 중 미국·일본 등 8개국에서는 인수 승인을 받은 상황이었다.

같은 해 3월엔 싱가포르 브로드컴이 1,170억 달러에 퀄컴 인수를 추진했지만, 당시 도널드 트럼프 대통령이 국가안보를 이유로 이 거래를 금지하는 행정명령을 내렸다. 브로드컴이 중국 최대 통신장비 업체 화웨이와 협력 관계를 맺고 있다는 게 트럼프 대통령이 제동을 건 이유로 알려졌다. 업계에선 각국 정부가 경쟁 당국을 정치적으로 활용한다는 비판이 나왔다.

최근 재개된 반도체 M&A도 경쟁 당국의 심사를 통과해야한다. SK하이닉스의 인텔 낸드플래시 사업부 인수는 2021년 5월 기준 미국과 EU 경쟁 당국으로부터 '승인' 사인을 받았다.

한국 공정위도 바쁘게 움직이고 있다. 2021년 4월 아날로그 디바이스의 맥심 인수와 글로벌웨이퍼스의 실트로닉 인수 건을 승인했다. SK하이닉스의 인텔 낸드플래시 사업부문 영업 양수, AMD의 자일링스 합병, 엔비디아의 ARM 인수 등은 심사중이다.

반도체는 무엇이고 어떻게 만들까?

:

반도체는 무엇일까. 일단 도체(conductor)라는 개념부터 알아 보자. 도체는 전기 혹은 열이 잘 흐르는 물질을 말한다. 철, 전 선, 알루미늄, 가위, 금 등이다. 반면 부도체(insulator)는 전기 혹 은 열이 흐르지 않는 물질을 말한다. 유리, 도자기, 플라스틱, 마 른나무 등이다. 전기공학에서는 전기가 흐르는 정도를 '전기전 도도'라고 하는데, 도체는 전기전도도가 아주 큰 반면, 부도체는 거의 0(제로)이라고 할 수 있다.

반도체는 중간적인 성격이다. 즉, 전기전도도가 도체와 부도 체의 중간 정도 되는 물질이다. 반도체 스위치는 도체와 부도체 의 성격을 모두 가지고 있기 때문에 전기의 흐름을 조절할 수 있다.

순수한 반도체는 부도체와 같이 전기가 거의 통하지 않는다. 하지만 어떤 조작을 가하면 도체처럼 전기가 흐르기도 한다. 빛

또는 열을 가하거나 특정 불순물을 주입할 때 그렇다.

일반적으로 우리가 흔히 쓰는 '반도체'란 말은 반도체 집적회로를 뜻한다. 전자제품 안에 들어 있는 네모난 검은색 부품이다. 이 부품에는 수천수만 개의 트랜지스터, 저항, 커패시터가 집적돼 있다. 반도체가 들어간 기계를 제어하거나 정보를 기억하는 일을 수행한다.

산업통상자원부에 따르면 반도체가 널리 쓰이게 된 건 통신기술의 발달과 밀접한 관련이 있다. 먼 거리에 있는 사람과 의사를 주고받기 위해 전기 신호를 사용하게 됐다. 19세기 무선통신기술이 개발됐지만 거리가 멀어질수록 신호가 약해지는 문제가 생겼다. 그래서 1907년 신호를 증폭해주는 진공관이 개발됐다. 이후 진공관은 통신장치의 핵심 부품이 됐다. 라디오와 컴퓨터에도 들어간다. 세계 최초 컴퓨터인 애니악은 길이가 25미터에 달했는데 1만 8,000여 개의 진공관이 들어갈 정도였다. 전력 소비량도 120kW로 엄청난 수준이었다. 보다 작은, 그래서 진공관을 대체할 수 있는 새로운 증폭장치의 개발이 절실해졌다. 진공관은 고장도 잦았다. 이때 등장한 게 최초의 반도체인 '트랜지스터'다.

트랜지스터는 미국 통신사 AT&T 산하 벨연구소에서 처음

발명했다. 벨연구소
연구진(윌리엄 쇼클
리, 존 바딘, 월터 브래
튼)은 1947년 게르마
늄 조각으로 구성된
부품에 도체선(전기
가 흐르는 데 사용되는
선)을 접촉시키면 전
기 신호가 증폭한다

최초의 트랜지스터

자료: 한경DB

는 사실을 발견하고 실험했다. 그래서 개발된 게 반도체인 트랜
지스터다.

이후 트랜지스터가 진공관을 대체하게 됐다. 크기는 진공관
의 200분의 1로 줄었고 전력 효율은 높아졌다. 트랜지스터의
개발로 통신 효율이 높아졌고, 라디오·컴퓨터 등 전자기기의
부피를 줄일 수 있게 됐다.

전자제품엔 더 많은 기능이 들어갔다. 제품에 들어가는 트랜
지스터 양도 증가했다. 트랜지스터에도 단점이 있었다. 제품과
수많은 트랜지스터를 연결하는 게 더욱 복잡해진 것이다. 트랜
지스터, 커패시터 같은 부품들을 한 칩에 넣는 방법에 대한 고

민이 커졌다.

1958년 미국 물리학자 잭 킬비가 여러 개의 트랜지스터 같은 부품들을 1개의 게르마늄 칩에 집적하는 데 성공했다. 이른바 반도체 집적회로(IC)다. IC는 트랜지스터, 다이오드 같은 반도체를 수천수만 개씩 모아 하나로 만든 것이다. 손톱만 한 크기의 칩 하나로 컴퓨터의 연산 기능과 데이터 신호 처리가 가능해졌다. 처리 속도를 높인 고속 트랜지스터와 레이저 다이오드도 함께 개발되면서 반도체는 디지털 문명 시대의 필수품이 됐다.

그렇다면 요즘 반도체 기업들은 반도체를 어떻게 만들까? 반도체 제조 공정은 크게 여덟 가지로 분류된다. 이른바 '8대 공정'이다. 삼성전자 DS(반도체 부품) 부문이 운영하는 '삼성반도체이야기' 홈페이지를 통해 소개된 반도체 8대 공정은 다음과 같다.

1. 웨이퍼 제조

웨이퍼는 모래에서 추출한 규소, 즉 실리콘으로 만든다. 반도체 산업을 기반으로 성장해 전 세계 소프트웨어 산업의 중심지가 된 미국 실리콘밸리(Silicon Valley)가 반도체 재료 '실리콘(silicon)'과 '계곡(valley)'의 조합으로 만들어진 지명이다. 실리콘은 지구상에 풍부하게 존재하고 있어 안정적인 재료 수급이 가능하고, 독성이 없어 환경적으로도 우수하다는 게 장점이다.

1단계는 잉곳(ingot) 만들기다. 모래에서 추출한 실리콘을 반도체 재료로 사용하기 위해 순도를 높이는 정제 과정이다. 실리콘 원료를 뜨거운 열로 녹여 고순도의 실리콘 용액을 만들고, 이것을 결정·성장시켜 굳히는 것이다. 이렇게 만들어진 실리콘 기둥을 '잉곳'이라고 한다. 나노미터의 미세한 공정을 다루는 반도체에서는 실리콘 잉곳 중에서도 초고순도의 잉곳을 사용한다.

2단계는 얇은 웨이퍼를 만드는 잉곳 절단하기(wafer slicing)다. 둥근 팽이 모양의 잉곳을 원판형의 웨이퍼로 만들기 위해서는 다이아몬드 톱을 이용해 균일한 두께로 얇게 써는 작업이 필요하다. 잉곳의 지름이 웨이퍼의 크기를 결정해 150mm(6인치), 200mm(8인치), 300mm(12인치) 등의 웨이퍼가 된다. 웨이퍼 두께가 얇을수록 제조 원가가 줄어들며, 지름이 클수록 한 번에 생산할 수 있는 반도체 칩 수가 증가하기 때문에 두께는 얇고 크기는 커지는 추세다.

3단계는 웨이퍼 표면 연마(lapping & polishing)다. 절단된 웨이퍼는 가공을 거쳐 거울처럼 매끄럽게 만들어야 한다. 절단 직후의 웨이퍼는 표면에 흠결이 있고 거칠어 회로의 정밀도에 영향을 미칠 수 있다. 그래서 연마액과 연마장비를 통해 웨이퍼 표면을 매끄럽게 갈아낸다. 가공 전의 웨이퍼를 아직 옷을 입지 않은 상태라는 의미로 '베어 웨이퍼(bare wafer)'라고 한다. 여기에 여러 단계의 물리적·화학적 가공을 거쳐 표면에 반도체 집적회로(IC)를 형성시키고 가공 단계를 거치면 흔히 알고 있는 웨이퍼가 된다.

2. 산화 공정

웨이퍼는 전기가 통하지 않는 부도체 상태다. 그래서 도체와 부도체의 성격을 모두 가질 수 있도록, 즉 '반도체'의 성질을 가질 수 있도록 만드는 작업이 필요하다. 이를 위해 웨이퍼에 여러 가지 물질을 형성시킨 후 설계된 회로 모양대로 깎고, 다시 물질을 입혀 깎아내는 일을 반복한다. 이런 모든 공정의 가장 기초적인 단계가 산화 공정이다.

산화 공정을 거치는 이유는 웨이퍼에 절연막 역할을 하는 산화막을 형성해 회로와 회로 사이에 누설전류가 흐르는 것을 차단하기 위해서다. 산화막은 또 이온 주입 공정에서 확산 방지막 역할을 하고 식각 공정에서는 필요한 부분이 잘못 식각되는 것을 막는 식각 방지막 역할도 한다. 반도체 제조 과정에서 든든한 보호막 역할을 하는 것이다.

웨이퍼는 대기 중 혹은 화학물질 내에서 산소에 노출되면 산화막을 형성한다. 철(Fe)이 대기에 노출되면 산화되어 녹이 스는 것과 같은 이치다. 웨이퍼에 막을 입히는 산화 공정의 가장 보편적인 방법은 800~1,200℃의 고온에서 얇고 균일한 실리콘 산화막을 형성시키는 열산화 방법이다. 열산화 방법은 산화 반응에 사용되는 기체에 따라 건식 산화(dry oxidation)와 습식 산화(wet oxidation)로 나뉜다. 건식 산화는 순수한 산소만을 이용하기 때문에 산화막 성장 속도가 느려 주로 얇은 막을 형성할 때 쓰인다. 전기적 특성이 좋은 산화물을 만들 수 있다. 습식 산화는 산소와 함께 용해도가 큰 수증기를 함께 사용한다. 산화막 성장 속도가 빠르고 보다 두꺼운 막을 형성할 수 있다.

3. 포토 공정

앞서 설명한 대로 반도체 집적회로(IC)에서는 트랜지스터, 저항, 다이오드, 커패시터 등의 부품들이 서로 연결돼 전기 신호를 연산하고 저장한다. 트랜지스터는 전원을 켜고 끄는 스위치 역할을 한다. 커패시터는 전하를 충전해 보관하는 창고 역할을 하고, 저항은 전류의 흐름을 조절하며, 다이오드는 신호를 고르게 전하는 역할을 맡는다.

반도체 집적회로의 제조 방법은 회로 소자들을 모두 미세하고 복잡한 패턴으로 만들어 여러 층의 재료 속에 그려 넣는 방식이다. 미세한 회로를 수작업으로 그리는 건 불가능하다. 그래서 사진을 찍는 방식을 활용하는데 이를 '포토 공정'이라고 부른다. 빛을 이용해서 웨이퍼에 회로 패턴이 담긴 마스크 상을 비춰 회로를 그리기 때문에 붙여진 이름이다. 패턴을 형성하는 방법은 흑백 사진을 만들 때 필름에 형성된 상을 인화지에 인화하는 것과 유사하다.

반도체는 집적도가 증가할수록 칩을 구성하는 단위 소자 역시 미세 공정을 사용해 작게 만들어야 한다. 미세 회로 패턴을 구현하는 것 역시 전적으로 포토 공정에 의해 결정된다. 집적도가 높아질수록 포토 공정 기술 또한 세심하고 높은 수준의 기술을 요하게 된다.

포토 공정을 보면, 먼저 컴퓨터 시스템(CAD, Computer-Aided Design)을 이용해 웨이퍼에 그려 넣을 회로를 설계한다. 전자회로 패턴으로 설계되는 이 도면에 엔지니어들이 설계한 정밀회로를 담는다. 이 정밀도가 반도체의 집적도를 결정한다고 한다.

설계된 회로 패턴은 순도가 높은 석영(Quartz)을 가공해서 만든 기판 위에 크롬(Cr)으로 미세 회로를 형상화한다. 이른바 '포토마스크(Photo Mask)'다. 마스크는 레티클(Reticle)이라고도 부르며, 회로 패턴을 고스란히 담은 필름으로 사진 원판의 기능을 하게 된다. 마스크는 보다 세밀한 패터닝(patterning, 회로를 새기는 과정)을 위해 반도체 회로보다 크게 제작된다. 렌즈를 이용하여 빛을 축소해 조사한다.

다음 단계는 웨이퍼 표면에 빛에 민감한 물질인 감광액(Photo Resist, 포토레지스트)을 골고루 바르는 작업이다. 일본이 2019년 대한국 수출을 규제했던 품목 중 하나다. 사진을 현상하는 것과 같이 웨이퍼를 인화지처럼 만들어준다. 보다 고품질의 미세한 회로 패턴을 얻기 위해서는 감광액 막이 얇고 균일해야 하며, 빛에 대한 감도가 높아야 한다.

감광액 막을 형성해 웨이퍼를 사진 인화지와 비슷한 상태로 만든 뒤엔 장비를 사용해 회로 패턴이 담긴 마스크에 빛을 통과시켜 웨이퍼에 회로를 찍어낸다. 이 과정을 '노광'이라고 하는데, 반도체 공정에서의 노광은 빛을 선택적으로 쏘는 과정을 말한다.

포토 공정의 마지막 단계는 '현상'이다. 일반 사진을 현상하는 과정과 동일하며, 이 과정에서 패턴의 형상이 결정된다. 웨이퍼에 현상액을 뿌려가며 노광된 영역과 노광되지 않은 영역을 선택적으로 제거해 회로 패턴을 형성하는 공정이다.

웨이퍼 위에 균일하게 입혀진 감광액은 빛에 어떻게 반응하는가에 따라 양성(positive)과 음성(negative)으로 분류된다. 양성 감광액은 빛이 들어가지 않은 영역을 남기고, 음성 감광액은 빛이 들어간 영역만 남겨 사용하게 된다. 현상 공정까지 마치고 나면 각종 측정 장비와 광학 현미경 등을 통해 패턴이 잘 그려졌는지 검사한다.

4. 식각 공정

반도체 식각 공정은 웨이퍼에 액체 또는 기체의 부식액(etchant)을 이용해 불필요한 부분을 선택적으로 제거한 후 반도체 회로 패턴을 만드는 것이다. 포토 공정에서 형성된 감광액 부분을 남겨둔 채 나머지 부분을 부식액을 이용해 벗겨냄으로써 회로를 형성한다. 식각이 끝나면 감광액(포토레지스트)도 제거한다. 이런 식으로 반도체를 구성하는 여러 층의 얇은 막에 원하는 회로 패턴을 형성하는 과정을 반복한다.

식각 공정은 식각 반응을 일으키는 물질의 상태에 따라 습식 (wet)과 건식(dry)으로 나뉜다. 건식 식각은 반응성 기체, 이온 등을 이용해 특정 부위를 제거하는 방법이고, 습식 식각은 용액을 이용해 화학적인 반응을 통해 식각하는 방법이다.

건식은 습식에 비해 비용이 많이 들고 방법이 까다롭다. 하지만 최근엔 나노 단위로 고집적화되는 반도체 기술 변화에 따라 회로 선폭 역시 미세해지고 있다. 이에 따라 수율을 높이기 위해 습식보단 건식 식각이 확대되고 있다. 집적회로 기술의 산물인 반도체는 필요 물질의 박막을 실리콘 기판 전면에 바른 후 남기고자 하는 모양에 보호층을 덮어 이외의 부분을 깎아내는 작업을 여러 번 반복해 제작된다.

5. 증착 및 이온 주입 공정

반도체 회로 간의 구분과 연결, 보호 역할을 하는 얇은 막을 박막이라고 하고, 웨이퍼 위에 원하는 분자 또는 원자 단위의 박막을 입히는 일련의 과정을 증착이라고 한다. 두께가 워낙 얇기 때문에 웨이퍼 위에 균일하게 박막을 형성하기 위해서는 정교하고 세밀한 기술력이 필요하다.

증착의 방법은 크게 두 가지로 나뉜다. 물리적 기상증착 방법(PVD, Physical Vapor Deposition)과 화학적 기상증착 방법 (CVD, Chemical Vapor Deposition)이다.

물리적 기상증착 방법은 금속 박막의 증착에 주로 사용되며, 화학반응이 수반되지는 않는다. 화학적 기상증착 방법은 가스의 화학 반응으로 형성된 입자들을 외부 에너지가 부여된 수증기 형태로 쏘아 증착시키는 방법이다. 도체, 부도체, 반도체의 박막 증착에 모두 사용할 수 있는 기술이다

최근 반도체 공정에선 화학적 기상증착 방법을 주로 사용한다. 화학적 기상증착 방법은 사용하는 외부 에너지에 따라 열 CVD, 플라스마 CVD, 광 CVD로 세분화된다. 이 중 플라스마 CVD는 저온에서 형성이 가능하고 두께 균일도를 조절할 수 있으며 대량 처리가 가능하다는 장점이 있다.

증착 공정을 통해 형성된 박막은 크게 회로들 간 전기적인 신호를 연결해주는 금속막(전도)층과 내부 연결층을 전기적으로 분리하거나 오염원으로부터 차단해주는 절연막층으로 구분된다.

이후엔 반도체가 전기적인 성질을 갖게 하는 공정이 수반돼야 한다. 전기가 통하는 도체와 통하지 않는 부도체의 성질을 동시에 가진 반도체에서 이온 주입 공정은 실리콘 웨이퍼에 반

도체의 생명을 불어넣는 작업으로 불린다. 규소로 돼 있어 전기가 통하지 않는 순수한 반도체에 불순물을 넣어줘 전류를 흐르게 하는 전도성을 갖게 하는 것이다.

불순물을 이온(Ion)이라고 하는데 이온을 미세한 가스 입자로 만들어 원하는 깊이만큼 웨이퍼 전면에 균일하게 넣어준다. 여기서 불순물로는 15족 원소 인(P)·비소(As), 13족 원소 붕소(B) 등을 사용한다. 15족 원소를 주입하면 n형 반도체가 되고, 13족 원소를 주입하면 p형 반도체가 된다.

박막을 얼마나 얇고 균일하게 입혔느냐가 반도체의 품질을 좌우할 정도로 증착 공정은 중요하다는 평가를 받는다. 미래엔 머리카락 수백만 분의 1 크기의 반도체 회로 구조가 전기적 성격을 갖도록 더욱 얇고 균일하게 박막이 형성되는 증착 기술이 필요할 것으로 예상된다.

6. 금속 배선 공정

전도성을 갖게 된 반도체는 필요에 따라 전기가 흐르거나 흐르지 않게 조절할 수 있다. 또 포토, 식각, 이온 주입, 증착 공정을 반복하면 웨이퍼 위에 수많은 반도체 회로가 만들어진다. 이 회로가 동작하기 위해서는 외부에서 전기적 신호를 가해줘야 한다. 신호가 잘 전달되도록 반도체 회로 패턴에 따라 전기 길(금속 선)을 연결하는 작업을 금속 배선 공정이라고 한다.

금속 배선 공정은 전기가 잘 통하는 금속의 성질을 이용한다. 반도체의 회로 패턴을 따라 금속 선을 이어주는 것이다. 하지만 금속 배선 공정에 모든 금속을 사용할 수 있는 것은 아니다. 반도체에 들어가는 금속 재료는 패턴 형성의 용이성, 웨이퍼와의 부착성, 낮은 전기저항성, 열적·화학적 안정성 등을 갖춰야 한다. 대표적인 금속으로는 알루미늄(Al), 티타늄(Ti), 텅스텐(W) 등이 있다. 이 중에서 알루미늄(Al)이 주로 쓰인다. 산화막과의 부착성이 좋고 가공성이 뛰어나서다.

금속 배선 역시 증착을 통해 이뤄진다. 금속을 진공 체임버에 넣고 낮은 압력에서 끓이거나 전기적 충격을 주면 금속은 증기 상태가 된다. 이때 웨이퍼를 진공 체임버에 넣으면 얇은 금속막이 형성된다.

7. 테스트(EDS)

반도체 칩은 양품(良品)과 불량품을 선별하는 테스트를 거친다. 반도체 제조 과정에선 다양한 테스트가 이뤄진다. 웨이퍼 완성 단계에서 이루어지는 EDS(Electrical Die Sorting) 공정, 조립 공정을 거친 패키지 상태에서 이루어지는 패키징(packaging) 공정, 제품이 출하되기 전 소비자의 관점에서 실시되는 품질 테스트 등이 있다.

EDS 공정은 웨이퍼 위에 전자회로를 그리는 FAB 공정과 최종적인 제품의 형태를 갖추는 패키징 공정 사이에 진행된다. 전기적 특성 검사를 통해 칩들이 원하는 품질 수준에 도달했는지를 확인하는 공정이다. 웨이퍼 상태인 반도체 칩의 양품을 선별하고 불량 칩 중 수선 가능한 칩을 양품화한다. 또 FAB 공정 또는 설계에서 발견된 문제점의 수정도 함께 이뤄진다.

전기적 특성 검사를 통해 각각의 칩이 원하는 품질 수준에 도달했는지 체크한다. 그 후 양품 가능 여부를 판단해 수선 가능한 칩은 다시 양품으로 만들고, 불가능한 칩은 특정 표시를 통해 불량으로 판정한다.

EDS 공정은 반도체의 수율(양품 비율)을 높이기 위해 반드시 필요한 것으로 평가된다. EDS 공정은 프로브 카드(Probe Card)에 웨이퍼를 접촉시켜 진행된다. 프로브 카드에 있는 수많은 미세한 핀(Pin)이 웨이퍼와 접촉해 전기를 보내고 그 신호를 통해 불량 칩을 선별하게 되는 것이다.

8. 패키징

전공정을 통해 완성된 웨이퍼의 반도체 칩은 낱개로 하나하나 잘라내는데, 이렇게 잘린 칩을 베어 칩(bare chip) 또는 다이(die)라고 부른다. 이 상태의 칩은 외부와 전기 신호를 주고받을 수 없고 외부 충격에 의해 손상되기 쉽다. 반도체 칩, 즉 집적회로(IC)가 기판이나 전자기기에 장착되기 위해선 그에 맞는 포장이 필요하다. 이와 같이 반도체 칩이 외부와 신호를 주고받을 수 있도록 길을 만들어주고 다양한 외부 환경으로부터 안전하게 보호받는 형태로 만드는 과정을 '패키징'이라고 한다.

패키징은 집적회로와 전자기기를 연결하고 고온, 고습, 화학약품, 진동, 충격 등의 외부 환경으로부터 회로를 보호하기 위한 공정이다.

우선 웨이퍼를 낱개의 칩으로 분리해야 한다. 웨이퍼에는 수백 개의 칩이 촘촘히 배열되어 있고, 각 칩은 스크라이브 라인(scribe line)으로 구분되어 있는데. 이 스크라이브 라인을 따라 웨이퍼를 다이아몬드 톱이나 레이저 광선을 이용해 절단한다. 웨이퍼 절단 작업은 웨이퍼를 톱질하고 잘라낸다는 의미에서 '웨이퍼 소잉(wafer sawing)', '다이싱(dicing)'이라고 불린다.

절단된 칩들은 리드프레임(Lead Frame) 또는 PCB(Printed

Circuit Board) 위에 옮겨진다. 리드프레임은 반도체 칩과 외부 회로 간 전기 신호를 전달하고, 외부 환경으로부터 칩을 보호하고 지지해주는 골격 역할을 한다.

반도체의 전기적 특성을 위해 기판 위에 올려진 반도체 칩의 접점과 기판의 접점을 가는 금속 선을 사용하여 연결하는 공정을 와이어본딩(wire bonding)이라고 부른다. 전통적인 와이어본딩 방식 외에 반도체의 속도를 향상시키기 위해 칩의 회로와 기판을 직접 둥그런 볼 형태의 범프(bump, 돌기)로 연결하는 패키징 방식도 있는데 이를 플립칩(Flip Chip) 패키지라고 부른다. 이 기술은 와이어본딩보다 전기 저항이 작고 속도가 빠르며, 작게 구현할 수 있게 한다. 범프의 소재론 주로 금(Au) 또는 솔더볼(solder ball, 주석·납·은의 화합물)이 사용된다.

금속 연결 공정까지 끝나면 열이나 습기 등의 물리적인 환경으로부터 반도체 집적회로를 보호하고, 원하는 형태의 패키지로 만들기 위한 성형(molding) 공정을 거친다. 금속 선 연결까지 끝난 반도체 칩을 화학 수지로 밀봉하는 공정을 거치면 우리가 흔히 보는 반도체가 된다.

2장

중국 굴기를 향한
미국의 규제 공세

반도체 굴기 선언한 중국

시진핑의 꿈

○

반도체 패권 전쟁의 근인(根因)은 무엇일까? 뿌리를 찾아보면 중국이 나온다. 중국이 2015년께 반도체 굴기를 선언하면서 미국이 긴장하기 시작했다. 중국이 '세계의 공장' 타이틀을 갖게 된 상황에서 반도체를 포함한 최첨단 산업에까지 손을 뻗치려 했기 때문이다. 중국이 G2(주요 2개국)로 꼽힐 정도로 국력을 키우자 미국도 가만히 있을 수 없었다. 미국 산업계에서 중국 견제론을 꺼내 들기 시작한 것도 이때부터다.

중국은 2000년대 들어 반도체 산업을 차세대 성장동력 산업으로 설정하고 집중적으로 육성했다. PC와 TV 등 완성품 분야에서는 어느 정도 경쟁력을 확보했지만, 핵심 부품은 여전히 외국산 제품에 의존하는 구조를 타개하기 위해서였다. 중국 정부는 2005년 제11차 5개년(2006~2010) 계획을 수립할 때, 이 기간의 핵심 산업 정책으로 '7대 전략적 신흥 산업'을 선정해 발표했다. 당시 반도체 산업은 신형 평판디스플레이, 차세대 통신 네트워크 등과 더불어 IT 분야의 핵심 육성 산업으로 채택됐다. 이후 중국 반도체 업체들은 일부 분야에서 빠른 속도로 성장했다. 특히 팹리스 분야에서 두각을 나타냈다.

중국은 반도체 산업의 핵심이라고 할 수 있는 메모리반도체 분야에서는 관련 기업이 전무한 실정이었다. 2013년 반도체 수입액이 2,313억 달러로, 원유를 제치고 단일 품목 중 최대치를 기록한 것도 이 때문이다.

2013년 시진핑 주석 취임 이후 중국 정부는 반도체 육성에 더욱 속도를 냈다. 2014년 7월 '국가 반도체 산업 발전 추진 요강'을 발표했다. 2015년까지 반도체 산업 발전 체제에 혁신을 효과적으로 추진하고, 2020년까지 중국 반도체 산업을 첨단 수준으로 제고하겠다는 것이 이 계획의 목표였다. 이를 위해 중국 정부는 반도체 산업 발전을 추진할 별도 조직인 '국가 반도체 산업 발전 영도 소조'를 신설했다.

2014년 10월에는 반도체 산업 육성에 집중적으로 투자하는 '반도체 산업 지원 펀드'를 1,200억 위안 규모로 조성했다. 반도체 산업은 대규모 투자가 필요하고 위험 부담이 큰 만큼 산업 육성에 필요한 자금을 정부가 안정적으로 부담하겠다는 취지였다. 중국 정부는 이 펀드를 포함해 향후 10년 동안 반도체 산업 육성에 1조 위안을 투자하겠다고 발표했다. 펀드 조성 이후 세계 반도체 업계에서는 중국 정부가 이 펀드를 활용해 중국 기업들의 메모리반도체 사업 진출을 간접 지원할 것이라는 관측이 제기됐다.

2015년 6월 중국 정부는 베이징 인민대회당에서 중신 국제 집적회로 신기술 연구 기업 중신반도체 설립을 발표했다. 이 회사에는 세계 5위 파운드리 업체인 중국 SMIC, 중국 스마트폰 제조 업체 화웨이, 벨기에 반도체 설계 전문 기업인 IMEC, 미국 모바일 반도체 업체인 퀄컴 등 4개 회사가 공동으로 지분을 투자했다. 이 자리에는 시진핑 주석이 직접 참석했으며, 중국 정부가 진두지휘해 회사를 만들었다는 분석이 나왔다. 중신반도체는 14나노미터급 최신 반도체를 개발했다.

국가 주도로 최신 반도체 기술 개발에 적극적으로 나서는 한편 기존 반도체 업체를 인수하는 데에도 힘을 쏟았다. 중국 이공계 명문인 칭화대 산하 국영 기업인 칭화유니가 적극적으로 나섰다. 2013년 당시 유명 팹리스였던 스프레드트럼을 인수했다. 이 회사는 차이나모바일의 TD-SCDMA 통신 칩을 직접 공급했다. 당시 HTC와 삼성전자를 비롯해 유럽과 미국에도 칩을 공급했는데 2013년 1분기 1억 8,400만 달러 매출을 냈다. 현재 스프레드트럼은 '유니SOC'로 이름을 바꾸고 활발하게 통신 칩을 설계하고 있다.

해외 업체 M&A도 자주 시도했다. 칭화유니는 2015년 D램 세계 3위권 업체 미국 마이크론 인수를 추진했다. 그해 7월 세계적인 경제지 〈월스트리트저널〉은 "칭화유니가 미국 마이크론을 230억 달러에 인수하겠다고 공식 제안했다"라고 보도했다. 당시 중국 기업의 해외 기업 M&A 중 최대 수준 금액이다. 세계 반도체 시장에서도 역대 최대 M&A 금액을 기록한 아바고-브로드컴(370억 달러)에 이어 두 번째 인수 규모다. 중국이 세계 3위 D램 업체를 인수하고 단숨에 메모리 경쟁력을 키운다는 소식에 당시 한국 주식시장에서 삼성전자, SK하이닉스 등 반도체 주식들의 가격이 줄줄이 하락했다.

하지만 미국 외국인투자심의위원회(CFIUS)에서 허가가 떨어지지 않았다. 인수 추진 소식이 알려지고 한 달 만에 미국 의회가 제동을 걸었다. 미국 민주당 찰스 슈머 상원 의원(뉴욕)은 외국인투자심의위원회에 칭화유니의 마이크론 인수를 막아야 한다는 내용의 서한을 보냈다. 슈머 의원은 당시 위원회의 수장이었던 잭 루 재무부 장관에게 쓴 편지에서 "중국이 마이크론의 메모리 칩처럼 미국 안보 시스템과 연관된 부품의 시장 통제력을 갖는 것을 허용하는 문제에 큰 우려감이 든다"라고 썼다. 또 "위원회가 철저하게 조사해 중국 국영 기업이 미국의 IT 기업을 인수하는 것을 보류하는 등의 적절한 조치를 취해야 한다"라고 강조했다. 이 같은 여론이 확산하자 칭화유니는 이듬

해인 2016년 인수 제안을 자진 철회했다.

칭화유니의 식탐은 끝이 없었다. 자회사 유니스플렌도어는 2015년 10월 미국 낸드플래시 업체 웨스턴디지털 신주를 주당 92.5달러에 인수키로 합의했다고 발표했다. 당시 주가 대비 30% 이상의 프리미엄을 얹어 지분을 사려고 했다. 총투자 규모는 37억 8,000만 달러로 웨스턴디지털의 지분 15%에 달한다. 인수 후 유니스플렌도어는 웨스턴디지털 이사진 9명 중 1명을 선임하고 경영에도 관여할 계획이었다.

웨스턴디지털은 당시 하드디스크 드라이브(HDD) 제조가 주력 사업이었다. PC 판매 부진으로 고전을 면치 못하는 상황에서 중국 자금 유치를 통해 신규 사업에 나설 예정이었다. 웨스턴디지털은 USB 등 낸드플래시 반도체를 활용한 저장장치로 유명세를 떨친 기업 샌디스크 인수에 큰 관심을 갖고 있었다.

이마저도 미국 정부의 반대로 무산됐다. 유니스플렌도어는 2016년 2월 공시를 통해 37억 8,000만 달러를 투자해 웨스턴디지털의 지분 15%를 취득하려던 계획을 철회하기로 했다고 밝혔다. 자오웨이궈 칭화유니 회장은 웨스턴디지털에 대한 투자 계획을 철회한 이유에 대해 "두 회사의 주주 모두에게 해가 된다는 점을 느꼈다"라고 설명했다. 하지만 미국 정부 내에서 중국의 메모리반도체 시장 진출에 대한 우려의 목소리가 높아졌다는 점이 주된 이유였을 것이라는 게 전문가들의 분석이다.

2016년엔 중국 화룬그룹이 미국 아날로그반도체 기업 페어차일드 인수를 추진했지만 실패했다. 푸젠그랜드칩인베스트먼트펀드의 독일 반도체 장비 업체 아익스트론 인수도 종착점에 도착하지 못했다. 사실상 중국 기업들이 미국이나 일본의 반도체 장비를 활용하거나, 관련 기술 인력을 빼 오는 것을 미국이 원천차단한 것이다. 칭화유니는 SK하이닉스에도 자본 제휴를 타진했지만 거절당했다.

중국 반도체 굴기의 상징 YMTC

○

계속된 국영 반도체 기업의 M&A 실패에도 시진핑 주석의 반도체 굴기에 대한 열망은 사그라지지 않았다. 시진핑 주석은 현장을 방문해 기술 인력을 격려하며 반도체 산업의 중요성을 설파했다. 미국 등의 견제로 해외 기업 인수를 통한 역량 강화엔 실패했지만 자력으로 반도체 산업을 육성하겠다는 의지를 나타냈다.

선봉에 선 기업이 양쯔메모리테크놀로지(YMTC)다. 미국의 대중국 무역 보복이 한창이던 2018년 4월 26일, 시진핑 주석이 우한에 있는 이 기업의 공장을 전격 방문한 게 대표적인 사례다. YMTC는 칭화유니의 자회사로 낸드플래시 제조에 힘쓰고 있다. 중국의 반도체 굴기를 대표하는 기업이다.

시진핑 주석은 이날 중국 반도체 업계 종사자들이 금과옥조로 여기는 '반도체 심장론'을 설파했다. 그는 "반도체는 사람의 심장과 같다. 심장이 약하면 덩치가 아무리 커도 강하다고 할 수 없다"며 "2025년까지 반도체 기술 자립도 70% 달성"을 주문했다. 중국 정부 예산 1조 위안을 투자하겠다는 전폭적인 지원 방침도 밝혔다.

이후 2년간 YMTC의 기술력은 일취월장했다는 평가를 받는다. 시진핑 주석이 찾았던 YMTC는 2020년 5월 세계 최고 수준의 낸드플래시 반도체로 평가받는 '128단 3D QLC' 개발과 테스트 성공 사실을 전격 공개했다.

YMTC가 개발 사실을 공개한 128단 3D QLC 낸드플래시는 글로벌 메모리반도체 업계를 이끌고 있는 삼성전자와 SK하이닉스도 2020년 하반기 양산에 성공한 프리미엄 제품이다. 낸드플래시는 전원이 꺼져도 데이터가 저장되는 메모리반도체인데 주로 스마트폰, 노트북 등의 저장장치로 활용된다. 단수(반도체 셀을 쌓아 올

YMTC의 128단 낸드플래시

자료: 한경DB

린 층수)를 64단에서 96단, 128단으로 높이고 한 셀의 저장 용량이 MLC(2bit), TLC(3bit), QLC(4bit) 순으로 커지는데 용량이 클수록 뛰어난 성능의 프리미엄 제품으로 평가된다. YMTC는 2021년 연말께 본격 생산에 들어갈 것으로 알려졌다.

YMTC의 신제품 전격 공개도 기술력에 대한 자신감에서 비롯됐다는 분석이 나온다. 이날 공개한 '엑스트래킹(Xtracking)'이란 기술은 반도체 셀과 주변부 회로(페리)를 다른 웨이퍼에서 생산해 붙이는 기술이다. 한 웨이퍼에서 생산하는 방법을 주로 썼던 국내 업체와 다른 길을 선택한 것이다. 이 기술은 최근 미국 마이크론과 국내 업체들에서도 활용하고 있다. 이에 대해 황철성 서울대 석좌교수는 "중국의 낸드플래시 기술은 한국 기업들에 상당히 위협적인 수준까지 올라왔다"며 "한국 기업들이 가지 않았던 새로운 기술 로드맵을 개척하고 있다는 점에서 주목해야 한다"라고 평가했다.

중국 반도체 업체들은 메모리반도체의 다른 축인 D램 분야에서도 급성장하고 있다는 평을 듣는다. 2020년 2월 중국 업체 중 처음으로 D램을 판매했다고 밝힌 창신메모리테크놀로지(CXMT)가 대표적이다.

CXMT는 2016년부터 중국 안후이성 허페이시 등의 지원을 받아 D램 개발 프로젝트를 시작했다. CXMT의 핑얼슈안 부사장 겸 기술책임자는 2019년 중국 선전에서 열린 차이나플래시

마켓서밋에서 "올해 말까지 8Gb DDR4와 LPDDR4를 예정대로 양산할 것"이라고 말했다. 모바일기기용 D램 생산 등을 위해 현재까지 550억 위안을 투입한 것으로 알려졌다. 펑 부사장은 "20나노미터 이하 공정을 사용할 예정"이라며 "EUV 공정 개발을 위해 외국 업체와 협력할 것"이라고 강조했다.

최근에는 첨단 제품 개발을 위해 한국과 대만 업체 직원들을 대상으로 경력직 채용공고를 내고 인재 확보에 나섰다. 국내 반도체 업계 관계자는 "퇴직을 앞둔 고참 직원들이 중국 업체들로부터 이직 제의를 받고 있다"라고 말했다.

중국의 반도체 굴기 움직임이 거세지자 국내 전문가들은 중국 내 수요가 충분하다는 점을 들어 중국 반도체 산업이 내수 시장에서 급성장할 것으로 전망했다. 데이터센터를 늘리기 위해 공격적으로 반도체를 사들이는 알리바바와 텐센트, 중국 반도체 설계 사관학교로 유명한 화웨이 등이 중국 반도체 업체들의 잠재 수요처로 꼽힌다.

기술 저변도 탄탄하다는 지적이다. 반도체와 제조 방식이 비슷한 LED(발광다이오드)나 태양광 웨이퍼 분야는 이미 중국 업체들이 시장을 이끌고 있다. 중국 시장 점유율이 30%에 이르는 LED 업체 산안광뎬이나 웨이퍼 시장의 강자로 꼽히는 룽지 등이 대표적인 성공 사례로 꼽힌다. 이필상 미래에셋자산운용 홍콩법인 리서치본부장은 "중국을 저렴한 노동력을 기반으로 글로벌 업체들이 주문한 IT 기기를 생산하는 하청 공장으로 봐선 곤란하다"며 "낸드플래시와 비메모리 분야에서는 한국을 턱밑까지 추격해 들어오고 있다"라고 말했다.

한국과 격차 좁히며 추격하는 중국

○

국내 반도체 업계는 긴장하고 있다. 낸드플래시 기술 격차가 1년 정도로 좁혀졌다는 우려까지 나온다. 1~2년 전까지만 해도 중국의 반도체 굴기에 대한 국내 업계의 반응은 냉소적이었다. 하지만 최근 중국 업체들이 실제 제품을 공개하자 당황하는 기색이 역력하다.

2020년 6월 중국 YMTC는 낸드플래시 반도체를 조합해 만드는 저장장치 SSD 진출 소식을 공개했다. 이때 한국 업체들 사이에선 '한 방 맞았다'라는 반응이 나왔다. 청웨이화 YMTC 최고기술담당임원(CTO) 겸 부총재는 반도체 전시회 세미콘 차이나에서 "개인용 PC와 기업용 스토리지, 클라우드 컴퓨팅 등을 위한 광범위한 SSD 라인업을 구축하겠다"며 "2020년 하반기 제품을 출시할 계획"이라고 발표했다.

세미콘 차이나는 중국 상하이에서 매년 열리는 현지 최대 반도체 전시회다. 인텔과 램리서치 등 글로벌 반도체 업체들이 참여해 최신 기술을 공유하며, 보통 10만 명이 넘는 관람객이 방문한다.

YMTC의 SSD 출시는 기술적 진보라는 평가가 나온다. 이 회사는 2019년 5세대 64단 낸드플래시 양산에 돌입했다. 낸드플래시는 전원이 끊겨도 데이터가 손상되지 않는 비휘발성 메모리반도체로 SSD의 성능을 결정한다. YMTC가 SSD 출시에 공을 들이는 이유는 높은 성장성에 있다. SSD는 데이터센터 서버나 노트북 등에 들어가는 저장장치로, 5G와 AI 확산 등으로 고용량 데이터 수요가 늘면서 SSD 시장도 확대되고 있다. 시장조사 업체 IHS마킷은 SSD 시장이 2018년 324억 달러에서 2022년에 518억 달러로 성장할 것으로 내다봤다. 기업용 SSD 시장은 같은 기간 189억 달러에서 339억 달러로 확대될 전망이다.

YMTC가 SSD에 발을 들이면서 삼성전자와 SK하이닉스 등 국내 업체가 장악한 메모리반도체 시장에서 중국 회사들의 추격은 더욱 거세질 것으로 보인다.

D램 업체 CXMT의 행보도 심상치 않다. 2020년 2월 중국 업체 중 처음으로 D램 양산·판매를 공식 선언했다. 8GB DDR4와 4GB LPDDR4X 등을 판매했다. 현지에선 자국 IT 기업의 품질 테스트를 통과했다는 얘기도 나온다.

특명! 화웨이를 잡아라

전광석화처럼 진행된 미국의 화웨이 제재

○

2020년 5월 15일(현지 시각), 한국의 산업통상자원부 역할을 하는 미국 상무부가 홈페이지에 공지를 올렸다. 내용은 간단하다. '미국의 기술과 장비를 활용한 외국 반도체 제조 업체는 미국의 허가(라이선스) 없이 화웨이에 반도체를 공급할 수 없다'라는 수출 규제 개정안이다. 개정안은 그해 9월부터 시행됐다. 〈월스트리트저널〉은 규제안에 대해 "화웨이의 통신반도체 조달 길을 완전히 막아 회복하기 힘든 타격을 주려는 목적"이라고 분석했다.

미국 정부의 화웨이 제재는 1년 전인 2020년 5월 시작됐다. 당시 트럼프 행정부는 자국 기업에 반도체 등 141개 제품을 중국 화웨이에 공급하지 말라고 지시했다. 이로써 마이크론의 D램과 퀄컴 통신 칩의 화웨이 수출이 막혔고, 화웨이 제품에서 미국 반도체가 일제히 빠졌다.

화웨이는 살길을 모색했다. 퀄컴의 빈자리는 화웨이 자회사 하이실리콘이 개발한 통신 칩이 메웠다. 마이크론이 만드는 D 램이 없어도 삼성전자, SK 하이닉스의 D 램으로 대체할 수 있었다. 화웨이는 스마트폰 신제품을 계속해서 출시했고, 5G 네트워크 장비 시장에서 시장지배력을 유지했다.

화웨이에 치명상을 입히고 싶었던 미국 정부가 1년간의 절치부심 끝에 꺼낸 카드가 2020년 발표한 수출 규제 개정안이다. 수출 개정안을 뜯어보면 미국이 중국 화웨이에 대해 품은 독기가 느껴진다.

미국 정부의 주문은 간단하다. 첫째 9월부터 화웨이와 자회사(하이실리콘)가 미국 기술이나 장비를 사용해 반도체를 직접 설계하는 것, 둘째 화웨이와 자회사가 미국 기술 없이 설계하고 생산을 주문했을 때 주문받은 업체가 미국의 특정 기술 및 장비를 이용해 생산하여 화웨이로 판매하는 것을 막겠다는 것이다. 다만 이번 금지 조치 이전에 주문받은 것과 생산 중인 반도체 중 9월 중순 이전에 인도가 가능한 것은 예정대로 화웨이에 공급된다고 했다.

간단한 문장으로 명시된 규제안만으로도 미국 정부가 화웨이의 숨통을 끊을 수 있다는 평가가 나왔다. 화웨이의 스마트폰 및 통신장비 생산이 거의 100% 불가능해졌기 때문이다. 화웨이는 스마트폰용 통신반도체를 자회사 하이실리콘에서 조달한다. 하이실리콘은 '기린(KIRIN)'이란 브랜드명을 가진 통신 칩을 개발·설계하는데, 생산시설이 없기 때문에 세계 1위 파운드리 업체인 대만 TSMC에 맡긴다. 이렇게 생산된 기린 칩이 화웨이 스마트폰에 대거 탑재됐다. TSMC는 미국 기술이 들어간 장비를 활용해 반도체를 생산 중이다. 따라서 TSMC는 미국 정부의 승인을 받고 화웨이의 주문을 받아야 하는데, 미국 정부가 허가를 내줄 리 없다.

대만 TSMC엔 발등에 불이 떨어졌다. 화웨이는 전체 매출의 약 13~15%를 차지하는 큰손 고객이기 때문이다. TSMC의 전략적 판단은 신속했다. 9월이 되기 전부터 알아서 미국 쪽에 고개를 숙였다. 미국 규제안의 잉크가 마르기도 전에 "화웨이와의 거래를 끊기로 했다"라고 선언한 것이다.

화웨이는 겉으로는 아무렇지도 않은 척 호기로운 모습을 보였다. 화웨이 내부에선 "미국 제재 때문에 자회사 하이실리콘이 스마트폰용 반도체를 직접 만들지 못한다면, 삼성전자나 대만 미디어텍에서 스마트폰용 반도체를 공급받으면 된다"라는 얘기가 공공연하게 나왔다. TSMC 대신 중국의 파운드리 업체 SMIC에 반도체 위탁생산을 부탁할 것이란 목소리도 컸다. "우리가 직접 설계한 칩을 안 쓰고 다른 회사 것을 사서 쓰면 그만"이라는 특유의 배짱이었다.

화웨이는 통신용 반도체, 메모리반도체 가리지 않고 재고를 계속 쌓았다. 미국의 규제안이 공개된 5월부터 9월까지 전 세계의 반도체를 긁어모아 6~8개월어치의 반도체 재고를 확보하는 데 성공했다. 삼성전자와 SK하이닉스 중국법인 관계자들을 불러 안정적인 메모리반도체 납품을 요구하기도 했다.

이런 화웨이의 자신감이 오히려 화를 불렀다. 미국 정부가 가만히 있지 않았다. 최종 규제안에서 '화웨이가 설계한'이란 문구를 빼버렸다. 쉽게 말해 화웨이가 설계했든 안 했든 미국 기술이 들어간 반도체는 화웨이에 공급될 수 없다는 것이다.

이 같은 방안은 2021년 8월 구체화됐다. 우선 미국 상무부는 성명을 통해 세계 21개국의 38개 화웨이 계열사를 거래 제한 블랙리스트에 추가한다고 발표했다. 제재 대상에 오른 화웨이 계열사는 모두 152개로 늘어났고, 제재 범위도 '미국 기술이 들어간 반도체'로 넓어졌다. 화웨이로 반도체가 들어가는 뒷구멍, 즉 대만 미디어텍 등의 판매를 원천 차단하겠다는 것이다.

윌버 로스 당시 미국 상무부 장관은 "새로운 규정은 미국의 소프트웨어와 제조장비를 조금이라도 사용했다면 거래가 금지되고 예외적 거래를 위해서는 면허가 필요하다는 것을 명확히 했다"라고 설명했다. 현재 반도체 설계 소프트웨어부터 생산장비까지 미국 기업의 기술이 포함되지 않은 반도체는 거의 없다. 화웨이의 반도체 수급망을 와해하려는 미국과 어떻게든 살길을 찾으려는 화웨이 간 숨바꼭질이 이어지면서 미국의 제재

수위가 극단으로 치달은 셈이다.

화웨이와 중국 정부는 미국의 조치에 강력히 반발했다. 중국 정부는 자국의 선도 기술 기업을 겨냥한 미국의 공세를 좌시하지 않겠다고 경고하면서 미·중 1단계 무역합의 유지와 연계하겠다는 뜻도 내비쳤다. 중국 정부는 화웨이 제재를 즉각 중단할 것을 요구하며 애플 등 미국 기업에 대한 강력한 보복 조치를 예고했다. 이 같은 중국의 반발에도 미국의 강력 제재는 2020년 9월 15일 자정을 기해 시작됐다.

화웨이의 발목을 잡는 인민해방군 꼬리표

○

도널드 트럼프 전 대통령은 재임 기간 내내 화웨이에 대해 "그들(화웨이)이 우리를 염탐하기 때문에 미국은 그들의 장비를 원하지 않는다"라고 말하고 다녔다. 트럼프 대통령의 오른팔 마이크 폼페이오 국무부 장관은 화웨이를 주적으로 여기는 언사를 서슴지 않았다. 그는 화웨이 제재에 대해 "국가안보와 시민의 사생활, 5G 인프라를 보호하기 위해 새로운 제재를 부과했다"라고 강조했다.

화웨이는 어떤 회사이길래 글로벌 슈퍼 파워 미국의 대통령이 증오 수준의 험담까지 쏟아내는 걸까? 우선 지배구조와 성장 과정을 살펴봐야 한다.

　화웨이를 이야기하려면 설립자이자 회장인 런정페이를 빼놓을 수 없다. 〈한겨레신문〉의 2020년 12월 22일 자 기사 '화웨이의 대장정, '불균질하게' 갈라지는 세계'에 따르면 런정페이는 중국 구이저우성에서 교사 부부의 아들로 태어났다. 공학을 전공한 런정페이는 인민해방군 엔지니어가 되어 통신장비 개발 등과 관련한 전문성을 쌓았다. 1980년대 중국이 대규모 군 인력 감축에 나서자 런정페이는 퇴역하고 1987년 화웨이를 창업했다. 첫 사무실은 광둥성 선전의 한 아파트였다. 시작은 홍콩에서 걸려오는 전화를 연결할 수 있는 장비를 수입해 판매하는 것이었다. 곧 자체 제작한 통신장비를 중국 각 지역에 판매하기 시작했다. 화웨이는 창업 초기 인민해방군과 각 지역 지방정부에 통신설비를 대규모로 납품하며 몸집을 키웠다. 사실상의 독점을 부추긴 중국 공산당의 배려 덕에 화웨이는 전 세계 통신장비 시장을 장악한 기업이 될 수 있었다.

　'인민해방군 출신'이란 런정페이의 꼬리표는 아이러니하게도 2010년대 들어 화웨이의 발목을 붙잡았다. 중국 공산당, 인민해방군이 소유한 회사라는 의혹이 끊이지 않았다.

　미국의 의심은 버락 오바마 행정부 시절인 2011년께부터 고개를 들었다. 당시 미 국방부는 "화웨이가 인민해방군과 밀접한 관계가 있다"라고 발표했다. 2012년 미 하원 정보위원회는

"중국 통신장비가 스파이 행위와 사이버 전쟁에 이용될 수 있다"라고 경고했다. 이런 흐름이 도널드 트럼프 행정부까지 이어졌다. 미 의회는 2018년 8월 화웨이 등 중국 기업의 통신장비를 사용하지 못하도록 명시한 국방수권법을 통과시켰다.

2020년 6월 미국 국방부는 화웨이에 대해 대놓고 "인민해방군이 소유 또는 지배하고 있는 회사"라고 공격했다. 미국은 화웨이가 껍질만 민간 기업인 사실상의 중국 정보기관이라고 평가한다. 화웨이가 주력 제품인 통신장비에 백도어[17]를 심고 각국의 기밀정보를 중국 공산당에 제공하고 있다는 것이다.

화웨이의 역사를 보면 의심을 받을 만하다고 생각되는 대목이 적지 않다. 우선 사명부터 심상치 않다는 평가를 받는다. 화웨이(華爲)는 '중화유위(中華有爲, 중화민족에 미래가 있다)'의 줄임말이다. 창업 초기부터 직원들에게 "마음으로부터 조국을 생각하라"고 강조했다.

지배구조와 운영 방식 또한 극도의 비밀에 싸여 있다. 2019년 매출이 8,588억 위안에 이르는 초대형 글로벌 기업 반열에 올라섰지만 아직 비상장사다. 기업의 지배구조를 공개할 필요가 없다. 런정페이 회장의 지분은 1.4%에 불과하다는 점도 미국이 화웨이의 진짜 주인으로 공산당 등을 지목하는 이유다. 런정페

---

17 back door. 인증 없이 전산망에 침투해 정보를 빼돌리는 장치.

이 회장은 사실상 바지사장일 뿐이라는 것이다.

이 같은 의심에 대해 화웨이는 런정페이 회장을 포함한 전·현직 임직원이 지분 100%를 보유하고 있다고 주장한다. 하지만 화웨이의 정확한 지분구조가 공개된 적은 없다.

화웨이 제재의 본질은 미·중 IT 패권 전쟁

○

미국이 화웨이를 적대시하는 이유가 단순히 공산당 또는 인민해방군 소유라서일까?

미국이 견제에 나선 근인은 화웨이의 세계적인 기술력 때문이란 분석이 나온다. 글로벌 IT 업계의 거인으로 성장하고 있는 화웨이를 때려눕혀야 미국이 중국을 누르고 최첨단 산업의 패권을 이어갈 수 있으리라는 분위기가 미국 정·관·재계에 팽배하다.

화웨이의 경쟁력은 미국이 우려할 정도로 강력했다. 수치로도 증명된다. 화웨이의 주력 사업은 통신장비다. 화웨이는 2012년 이동통신장비 부문에서 스웨덴 에릭슨과 핀란드 노키아 등을 누르고 세계 1위에 올랐다. 이후 독보적 1위를 고수하며 2019년 기준 28%의 점유율을 차지했다. 미국이 본격적인 제재를 시작한 2020년까지 화웨이는 통신장비 시장에서 세계 1위를 기록했다. 경쟁 제품의 절반도 안 되는 가격과 경쟁사에 뒤지지 않는 기술력으로 시장에 침투했다.

2020년 전 세계적으로 5G 시대가 오면서 화웨이 통신장비의 중요성은 더 커졌다. 4G보다 10배 빠른 5G 초고속 통신을 각 가정과 기업에 전달하는 통신장비는 사람 몸의 심장이나 혈관과 같은 역할을 한다. 미국 패권의 배경, 미국 힘의 원천으로 꼽히는 첨단 ICT 산업과 군사 기술, 우주 기술의 핵심 정보도 5G 통신망을 타고 흐른다.

B2B(기업 간 거래) 제품인 통신장비뿐만이 아니다. 화웨이는 21세기 최고의 생활필수품으로 자리 잡은 스마트폰 시장에서도 애플과 삼성전자를 위협했다. 2019년 기준 화웨이의 세계 스마트폰 시장 점유율은 17.6%로, 삼성전자(21.8%)에 이어 세계 2위다. 상대적으로 저렴한 노동력과 중국 정부의 보조금으로 저가 정책을 펴고 있는 영향이 적지 않지만, 소비자들은 가성비의 상징으로 화웨이 스마트폰을 꼽고 있다. '메이트' 시리즈로 대표되는 화웨이의 플래그십 스마트폰은 유럽 등에서 갤럭시에 필적한다는 평가까지 받았다. 2019년 화웨이 매출에서 유럽과 중동, 아프리카 비중은 25% 수준이다.

이 같은 화웨이의 경쟁력은 반도체에서 나왔다. 앞서 서술한 대로 화웨이는 자회사인 팹리스 하이실리콘을 통해 통신장비용 반도체와 스마트폰용 반도체를 설계하고 판매했는데, 글로벌 업계에서 하이실리콘은 기술 경쟁력을 인정받았다.

2019년 9월 독일 베를린에서 열린 세계적인 가전박람회 IFA에서 화웨이의 위청둥 소비자 부문 CEO가 메인 행사인 개막식 기조연설을 맡은 것이 상징적인 장면으로 꼽힌다. 각국에서 모인 가전, IT 업체와 유통사 관계자들 사이에서 위 대표는 시종일관 자신감 있는 태도로 화웨이가 세계 최고 기업임을 강조했다.

위 대표는 세계 최초의 5G 스마트폰용 통합칩세트(SoC, System on Chip)인 '기린 990 5G'를 공개해 세계를 깜짝 놀라게 했다.

IFA에서 연설하는 위청둥 화웨이 사장

자료: 화웨이

"손톱보다 작은 이 칩세트는 5G, AI 분야에서 세계 최상의 성능을 제공한다"며 "퀄컴과 삼성전자는 아직 이런 제품을 개발하지 못했기 때문에 화웨이가 처음이다"라고 강조했다. 화웨이는 기린 990 5G를 그해 10월 출시한 메이트30 시리즈에 탑재했다.

당시 삼성전자는 위 대표의 기린 990 공개에 앞서 5G 통합칩세트인 '엑시노스(Exynos) 980'을 공개했다. 하지만 양산 및 제품 적용 타이틀은 화웨이에 빼앗긴 것이다. 위 대표는 "퀄컴과 삼성은 4G SoC와 5G 모뎀을 함께 쓴다. 삼성이 최근 5G 통합칩을 발표했지만 언제 스마트폰에 적용할 수 있을지 모른다. 화웨이의 칩세트는 지금도 이용할 수 있다"라고 강조했다.

화웨이의 기술력은 끊임없는 투자의 결과다. 화웨이는 기술혁신을 강조하며 해마다 수익의 10% 이상을 연구개발에 투자한다. 2019년 말 기준으로 전 세계 화웨이 직원 총 19만 4,000명 중 8만 명 이상이 연구직이다.

화웨이의 부상은 미국엔 큰 부담이다. 미국 기업의 텃밭이었던 글로벌 IT 시장을 잠재적인 적국인 중국, 그중에서도 중국 공산당 소유로 의심되는 화웨이가 장악할 가능성에 미국은 가만히 앉아 있을 수 없었다.

화웨이 제재와 삼성전자의 이해득실

○

미국의 화웨이 제재가 처음 시작된 2019년 6월 4일. 한국의 공정거래위원회 역할을 하며 '기업 저승사자'로 불리는 중국 국가발전개혁위원회가 삼성전자와 SK하이닉스 중국법인 관계자들을 호출했다. 국가발전개혁위원회 고위 관계자는 이날 "미국의 대중국 거래금지 조치에 협조하면 심각한 결과에 직면할 것"이라고 경고했다.

최근 화웨이 제재를 시작으로 미국과 중국 간에 반도체 신냉전이 더욱 심화되면서 한국 기업에 대한 양국의 압박이 재개되고 있다. 공무원이 직접 나서거나 관영 매체를 동원해 '우리 편에 서라'라고 경고하는 식이다.

제재를 받는 당사자인 중국 화웨이부터 직접 나섰다. 삼성전자와 SK하이닉스에 안정적인 메모리반도체 납품을 요구했다. 화웨이는 미국이 제재 방안을 공개(2020년 5월 15일)한 이후 나흘 만에 삼성전자·SK하이닉스 중국법인 관계자들을 불러 "미국 정부의 움직임과 관계없이 안정적으로 메모리반도체를 공급해달라"라고 요청했다. 화웨이는 2019년 기준 두 회사의 5대 매출처에 포함된 큰손이다. 화웨이가 구매하는 한국 업체의 D램·낸드플래시 반도체 규모는 연 10조 원 안팎으로 추정된다. 미국이 향후 국가안보를 내세워 메모리반도체 조달 길마저 차단할 가능성이 있다는 판단에 따라 한국 업체를 대상으로 미국 요구에 흔들리지 말라는 메시지를 보낸 것으로 분석됐다.

2020년 미국 정부의 화웨이 추가 제재 발표 이후 코너로 몰리고 있는 중국 정부가 먼저 한국 기업에 으름장을 놨다. 중국 공산당 기관지 〈인민일보〉의 자매지인 〈환구시보〉가 그해 5월 20일 인터넷 홈페이지에 올린 '삼성 부회장이 시안 반도체 공장을 방문한 이유'라는 기사가 대표적인 사례로 꼽힌다. 기사는 "한국이 단기적으론 미국을 넘어 세계 반도체 시장을 이끌 수 있겠지만, 최종적으론 중국이 리더가 될 것"이라며 바로 다음 문장에 중국 매출 비중이 44%(2019년 기준)에 달하는 SK하이닉스를 거론했다. 중국 반도체 산업의 성장 가능성을 부각하는 동시에 한국 기업을 압박한 셈이다. 반도체 업체 고위 관계자는 "한국 기업에 대한 사실상의 협박"이라며 "한국 기업들에 중국의 눈치를 보라는 의미"라고 분석했다.

미국 정부의 움직임도 중국 못지않다. 미국은 2020년 5월 한국·일본·인도 등 우방국들을 '경제번영네트워크(EPN)'에 참여시켜 중국 내 생산시설을 베트남 인도 등으로 옮기게 하는 구상을 한국에 제안했다. 당시 키스 크라크 미 국무부 경제차관은 "우리의 국제 경제·안보 전략의 핵심은 자유 세계에서 사람들을 보호하는 공급망을 확대하고 다양화하는 것"이라고 강조했다. 삼성전자에 미국 반도체 공장 신·증설을 은근히 압박하는 것도 이 같은 전략의 연장선상에 있다는 분석이 나온다.

반화웨이 전선에 동참하라는 미국의 주문은 더욱 노골적이다. 크라크 차관은 5월 20일 국무부 콘퍼런스콜에서 한국 정부에 화웨이의 5G 장비를 사용하지 말라고 요구했다. 유환익 전국경제인연합회 기업정책실장은 "미·중 압박이 더욱 거세질 가능성이 크다"며 "기업이 샌드위치 처지가 되는 걸 막기 위해 정부가 역할을 해야 한다"라고 말했다.

산업계에선 화웨이 공급망 붕괴 작전에 한국도 동참하라는 압박이란 평가가 나온다. 미국 정부는 TSMC를 묶는 것만으로 충분한 효과를 거두지 못하자 삼성전자·SK하이닉스 등 메모리반도체 업체를 대상으로 화웨이 제재에 동참할 것을 요구했다. 제재 대상을 '화웨이가 설계한 제품을 미국 장비나 기술로 만드는 것'에서 '미국 장비나 기술로 만드는 반도체 모두'로 확대했기 때문이다. 이 때문에 삼성전자와 SK하이닉스는 미국 정부의 허가 없이는 D램과 낸드플래시 등을 화웨이에 공급하지 못하게 됐다. 2021년 말 현재까지는 허가가 안 나오고 있다. 업계 관계자는 "미국이 화웨이의 공급망에 타격을 줘 통신장비 생산을 못 하도록 하겠다는 의미"라며 "한국 반도체 투톱이 고래 싸움에 낀 새우가 될 수 있다"고 설명했다.

2020년 5월 미국의 제재안이 공개된 초기엔 삼성전자 등 한국 반도체 기업에 부정적인 뉴스라는 분석이 우세했다. 우선 메모리반도체 부문에서 매출이 크게 감소할 것이란 우려가 나왔다. 화웨이가 자사 스마트폰과 노트북 등에 삼성전자와 SK하이닉스의 D램과 낸드플래시를 주로 탑재해왔기 때문이다. 화웨이는 2018년 10월 출시한 메이트20프로, 2019년 9월 내놓은 메이트30 등 주력 스마트폰에 SK하이닉스 D램 등 한국 기업의 메모리반도체를 넣었다. 삼성전자는 화웨이에 연간 10조 원, SK하이닉스는 연간 5조 원 상당의 반도체를 공급하고 있었다. 반도체 업계에선 화웨이의 빈자리를 다른 기업들이 대신할 때까지 상당 기간 실적이 줄어들 수밖에 없으리란 관측이 우세했다.

화웨이 제재 이후 1년이 흐른 2021년 상반기까지 삼성전자나 SK하이닉스의 메모리반도체 실적은 감소하지 않았다. 2020년 삼성전자의 반도체 영업이익은 3분기 5조 5,400억 원, 4분기 3조 8,500억 원으로 전년 동기 대비 각각 81.6%, 11.6% 늘었다.

두 가지로 설명이 가능하다. 첫 번째는 화웨이의 반도체 사재기다. 화웨이는 미국의 강화된 제재안이 공개된 2020년 5월부터 제재가 시행된 9월까지 반도체를 끌어모았다. 삼성전자와 SK하이닉스에도 긴급 주문이 들어갔다.

두 번째는 대체 효과다. 화웨이와 스마트폰 시장에서 경쟁하는 중국의 샤오미, 오포, 비보 같은 업체들이 급격하게 반도체 주문을 늘렸다. 전 세계 스마트폰 시장의 약 20%를 차지하는 화웨이가 망할 것으로 보고 화웨이의 빈자리를 차지할 생각으로 제품 생산을 늘렸기 때문이다. 자연스럽게 반도체 주문이 증가했고 삼성전자와 SK하이닉스도 실적에 타격을 받지 않았다.

파운드리 시장에선 삼성전자의 반사이익이 기대된다는 조심스러운 기대가 나오기도 했다. TSMC가 화웨이 물량을 받지 못하면 삼성전자 파운드리 사업의 점유율이 올라갈 것이란 전망이었다. 현재로선 잘못된 예측이었다는 의견이 우세하다. TSMC 고객 목록에서 화웨이가 빠지자 애플, 미디어텍 등이 그 물량을 차지하기 위해 주문을 늘렸기 때문이다. TSMC의 기술력이 독보적인 수준이라서 가능한 일이었다. 일부 물량은 중국 SMIC로 흘러 들어갔다.

반발하는 미 반도체 장비 업체들

○

눈여겨볼 대목은 화웨이 제재 관련 미국 국적 기업들의 반발이 거셌다는 것이다. 화웨이가 통신장비 세계 1위, 스마트폰 세계 2위의 반도체 큰손 고객이라서다. 미국과 EU 등에 있는 반도체 장비 업체들은 즉각 미국 정부의 조치에 반발했다.

주요 반도체 기업이 가입해 있는 미국반도체산업협회(SIA)가 대표적이다. SIA는 미국 정부의 좀더 강화된 화웨이 제재

(2020년 8월) 발표 직후 성명을 내고 "현재 규제안을 검토 중이지만 반도체 거래에 대한 이와 같은 광범위한 규제는 미국 반도체 산업에 막대한 혼란을 초래할 것"이라고 지적했다. 또 "우리는 미국 정부가 자국 기업에 미치는 피해를 최소화하면서 국가 안보를 달성하려는 기존의 '부분적 제한'이라는 입장에서 갑자기 선회한 것에 매우 유감스럽고 당황스럽다"라고 강조했다.

민간 싱크탱크들도 앞다퉈 미국의 제재를 규탄하는 보고서를 내놨다. 미국 피터슨국제경제연구소는 '수출 통제: 미국의 다른 국가에 대한 안보 위협'이라는 제목의 보고서를 통해 "미국이 국가안보를 이유로 중국으로의 수출을 차단하려고 애쓰지만 결국 무역과 외교 관계에서 값비싼 비용을 치르게 될 것"이라고 지적했다.

이 연구소는 중국이 결국 미국 제품과 서비스를 대체할 것으로 전망했다. 보고서는 "화웨이가 다른 OS를 선택하면 구글 안드로이드가 타격을 받을 수 있다"며 "미국의 기술 제재는 중국 정부로 하여금 산업 정책을 보다 공격적으로 끌고 갈 명분을 준다"라고 설명했다. 가뜩이나 반도체 산업 등에 대한 국가 지원을 늘리고 있는 중국이 주요 첨단 산업에 대한 투자를 강화할 것이란 논리다.

세계적인 컨설팅 업체 보스턴컨설팅그룹도 미국의 중국 제재가 오히려 미국의 반도체 리더십을 붕괴시키는 요인이 될 수 있다고 지적했다. 미국이 수출 제한 기업 명단을 유지한다면 미국 반도체 기업들은 향후 3~5년 내 8%p의 시장 점유율 하락과 16%의 매출 감소를 겪게 될 것으로 분석했다. 또한 중국이 기술 독립에 성공하면 향후 3~5년 내 미국 기업의 시장 점유율과 매출 하락폭은 더 커질 것으로 내다봤다. 매출 감소는 미국 반도체 산업의 연구개발과 자본 지출 축소로 이어져 최대 4만 명의 일자리가 줄어들게 될 것으로 우려했다.

개별 기업 차원의 움직임도 있었다. 2020년 8월 8일(현지 시각) 〈월스트리트저널〉은 미국 퀄컴이 화웨이와 거래를 하기 위해 트럼프 정부 설득에 나섰다고 전했다. 퀄컴은 매년 80억 달러에 달하는 거대 시장을 삼성전자와 대만의 미디어텍 같은 외국 경쟁 업체들에 내주게 됐다는 논리를 앞세웠다. 영국 〈파이낸셜타임즈〉도 "두 테크 월드(Tech world)의 분리는 수백 개의 미국 기술 기업들에 엄청난 경제적 피해를 줄 것"이라며 "엔비디아, 텍사스인스트루먼트, 퀄컴, 인텔, 브로드컴 등 5개 미국 반도체 기업은 매출의 25%에서 50%까지 중국에 의존하고 있다"라고 분석했다.

화웨이 제재 이후 1년이 지난 2021년 현재 미국 기업들의 우려는 일정 부분 들어맞고 있다. 화웨이 스마트폰의 빈자리는 중국 오포, 비보, 샤오미 등이 대체하게 됐다. 하지만 이 대체자들은 화웨이가 썼던 부품을 그대로 가져가지 않았다. 스마트폰의 두뇌 역할을 하는 AP의 경우 퀄컴의 빈자리는 대만 미디어텍이 차지했다. 미디어텍의 2021년 1분기 매출은 1,080억 대만 달러로 전년 동기(609억 대만 달러) 대비 77.5% 급증했다. 글로벌 반도체 기업 매출 순위도 2020년 1분기 16위에서 2021년 1분기 10위로 뛰어오르며 처음으로 '톱 10'에 들어갔다.

미국의 대중국 반도체 제재에 대한 반발은 EU로도 번졌다. EUV 노광장비를 독점 생산하는 네덜란드 장비 업체 ASML은 CEO가 직접 나서서 미국 정부를 저격할 정도다. ASML은 2019년 6월 중국 SMIC에 대당 2,000억 원에 달하는 장비를 수출하려고 했지만 미국 정부의 방해로 뜻을 접은 경험이 있다.

이 때문인지 2021년 4월 피터 버닝크 ASML CEO는 온라인으로 진행된 네덜란드 반도체 산업 관련 행사에 참석해 "수출 통제는 경제적 위험을 관리하는 올바른 방법이 아니다"라며 미국 정부를 정면으로 비판했다. 이어 "수출 통제로 중국이 자체 반도체 장비와 기술을 구축하는 데에는 오랜 시간이 걸릴 것"이라며 "하지만 결국 중국이 아닌 해외 기업들이 가장 큰 반도체 시장(중국)에서 쫓겨나게 될 것"이라고 전망하고, "결국 미국 경제에 타격을 줘 많은 일자리와 수익이 사라질 것"이라고 강조했다. 그는 미국 상무부의 추정치를 인용해 미국 사례를 예로 들면서 "미국과 중국 간의 반도체 산업 수출입이 중단되면 미국은 12만 5,000개의 일자리와 800억~1,000억 달러 수준의 매출을 잃게 될 것"이라고 주장했다.

이는 ASML의 대중국 수출 비중이 높기 때문인 것으로 분석된다. ASML 연간보고서를 보면 2020년 ASML의 중국 매출 비중은 18%로, 금액으론 18억 5,706만 유로다. 2019년 ASML의 중국 매출 비중은 12%, 금액은 10억 7,952만 유로 수준이다.

결국 주저앉은 화웨이

○

미국의 화웨이 제재는 효과를 냈을까? 그렇다는 분석이 우세하다. 이 같은 분위기는 스마트폰 사업에서 두드러진다.

한때 애플과 삼성을 제치고 세계 스마트폰 출하량 1위에 올랐던 화웨이의 순위는 2020년 4분기에 세계 6위로 추락했다. 미국 경제방송 CNBC에 따르면 2020년 4분기 화웨이의 세계 스마트폰 출하량은 3,300만 대로 집계됐다. 전년 동기 대비 41% 줄어든 수치다. 시장조사 업체 카운터포인트리서치에 따르면 화웨이의 시장 점유율은 8%로 조사됐으며, 이는 글로벌 스마트폰 제조사 가운데 6위에 해당한다.

화웨이가 2015년 이후 출하량 세계 순위에서 5위 밖으로 밀린 것은 이번이 처음이다. 미국의 제재 이전과는 확연히 다른 모습이다. 화웨이는 2020년 2분기 5,580만 대의 스마트폰을 출

2021년 2분기 전 세계 지역별 스마트폰 판매 순위에서 자취를 감춘 화웨이

구분	1위	2위	3위
유럽 + 러시아 & CIS	mi	SAMSUNG	
유럽(러시아 & CIS 제외)	SAMSUNG	mi	
서유럽		SAMSUNG	mi
동유럽	mi	SAMSUNG	
러시아 & CIS	mi	SAMSUNG	

자료: 카운터포인트리서치

하해 처음으로 세계 1위를 차지했다. 당시 5,370만 대를 출하한 삼성전자는 2위였다. 2020년 전체 기준 화웨이의 출하량 순위는 세계 3위로 조사됐다.

미국의 제재는 화웨이의 발목을 잡는 최대 걸림돌로 지목된다. 미국은 2019년 화웨이를 블랙리스트에 올렸고, 2020년 9월부터 미국 기업의 핵심 부품과 소프트웨어가 화웨이로 흘러 들어가지 못하도록 막았다. 구글의 스마트폰 OS인 안드로이드까지 차단되자 화웨이는 직격탄을 맞았다. 시장조사 업체 캐널리스의 앰버 리우 애널리스트는 "미국의 제재로 화웨이는 대부분의 시장에서 급격히 후퇴했다"라고 말했다.

화웨이는 애써 담담한 척을 하고 있다. 2021년 1월 공식 보도

자료를 통해 "화웨이는 항상 혁신에 전념했다"며 "2020년 스마트폰 사업은 견실하게 발전했고 태블릿PC와 웨어러블 기기 시장은 크게 성장했다"라고 설명했다. 그러면서 "우리는 미래에 대해 확신이 있다"라고 덧붙였다.

화웨이 사업의 모체인 통신장비는 어떨까. 2020년 9월 미국의 제재가 본격화하기 전까지는 분위기가 나쁘지 않았다. 2020년 9월 글로벌 시장조사 업체 델오로의 시장 분석 자료에 따르면 화웨이는 2020년 상반기 전 세계 통신장비 시장(중국 포함)에서 31%의 점유율을 기록해 1위를 차지했다. 2019년 상반기 점유율 28%보다 3%p 증가한 것이다. 델오로는 화웨이가 중국의 대규모 5G 투자 수혜를 본 것으로 분석했다.

2위권 업체와의 격차도 컸다. 노키아는 14%의 시장 점유율로 2위 자리를 유지했지만, 2020년 같은 기간보다 점유율이 2%p 하락했다. 3위는 2020년과 같이 14%의 점유율을 기록한 에릭슨이 차지했다. 중국 ZTE는 2020년 9%보다 2%p 오른 11%의 점유율로 4위에 올랐다. 삼성전자는 7위에 머물렀다.

규제가 본격화하자 승승장구했던 화웨이가 주춤해졌다. 텃밭인 중국을 뺀 시장에서 화웨이 점유율은 하락 추세다. 델오로에 따르면, 2020년 4분기 중국을 제외한 전 세계 시장에서 화웨이의 점유율이 직전 분기 대비 2%p 감소해 3위(20%)를 기록했다. 1위 스웨덴 에릭슨의 점유율은 35%로 2%p 올랐고, 2위 노키아의 점유율은 25%로 1%p 상승했다. 통신장비 3강 중 화웨이의 점유율만 하락한 것이다.

화웨이 장비는 특히 유럽 지역에서 인기가 높았고, 가격 대비 성능이 뛰어나다는 평가를 받았다. 미국과 묘한 경쟁 관계에 있는 EU의 통신사들은 미국의 '화웨이 퇴출' 권고에도 아랑곳하지 않고 화웨이 통신장비를 택했다. 2019년 4월 5G 네트워크를 구축할 때 화웨이 제품을 배제하지 않기로 한 영국이 대표적이다. 당시 테리사 메이 영국 총리는 국가안전보장회의(NSC)에서 화웨이의 5G 액세스 네트워크 참여를 승인했다.

하지만 미국이 '클린 네트워크' 정책을 본격 추진하면서 유럽 국가들에도 압박이 가해졌다. 도널드 트럼프 미국 행정부가 동맹국들에 동참을 거듭 요청하자 2020년께부터 일본과 대만, 영국 등이 가세했다. 이탈리아도 통신그룹 패스트웹과 화웨이 간 장비 공급 계약을 막았다. 현지 최대 통신회사 텔레콤이탈리아는 5G 구축 사업에 필요한 장비를 화웨이에서 사지 않기로 했다.

그런데 트럼프의 대통령 낙선 이후에는 미국과 EU의 반화웨이 전선에 균열 움직임이 나타나고 있다. 이탈리아 정부가 2021년 6월 화웨이의 5G 이동통신장비 공급을 조건부로 승인한 것이다. 이탈리아 당국은 글로벌 통신 업체 보다폰이탈리아 지사와 화웨이 간에 체결된 5G 장비 도입 계약을 승인했다. '보안 우려를 완전하게 해소한다'라는 조건이 붙긴 했지만 이탈리아 정부가 미국의 뜻에 반하는 결정을 내린 것이다. 화웨이는 이미 영국에도 5G 장비의 사용 금지를 재고해달라고 요청했다.

동시에 화웨이도 사업구조 재편에 나서고 있다. 런정페이 회장은 2021년 6월 임직원들에게 보낸 메모에서 "소프트웨어 영역에서 세계를 선도해야 한다"라고 주문했다. 그는 "소프트웨어와 하드웨어가 겹쳐지는 영역에선 소프트웨어를 최적화해 하드웨어를 보완해야 한다"며 "소프트웨어 영역에서는 우리의 신제품에 대한 미국의 통제가 매우 적어 훨씬 자율성을 가질 수 있다"라고 설명했다. 또한 중국 시장에 집중하는 동시에 아시아·유럽·아프리카 시장을 노려야 한다고 강조하면서 "언젠가 아시아·태평양과 유럽, 아프리카를 점령하고 나면 우리가 미국의 기준에 맞지 않아 미국 시장에 접근하지 못할 때 미국 기업도 우리 시장에 접근하지 못할 것"이라고 말했다.

화웨이는 미국의 제재로 스마트폰과 통신장비 등 주력 사업이 위축되자 전기차 등 다른 사업으로 눈을 돌리기도 했다. 전기차 업체 세레스와 협력해 만든 전기 스포츠유틸리티카(SUV)를 선보이고 스마트폰 매장에서 이를 판매했다. 자동차를 직접 생산하거나 자동차 제조 업체에 투자하진 않겠지만 ICT 기술을 제공하려는 목적이다.

중국 정부의 반격

○

미·중 갈등은 극한 대립 수준으로 번지고 있다. 중국은 2021년 6월 미국 등 서방의 제재에 보복할 수 있는 법적 근거를 담은 '반(反)외국제재법' 시행에 나섰다. 중국 전국인민대표대회(전인대) 상무위원회는 당시 반외국제재법을 통과시켰고, 시진핑 국가 주석의 주석령 서명을 거쳐 즉각 시행됐다.

이 법은 외국의 부당한 제재에 대항해 중국이 직간접적으로 해당 조치의 결정이나 실시에 참여한 외국의 개인·조직을 보복 명단(블랙리스트)에 올려 중국 입국 제한, 중국 내 자산 동결, 중국 기업·개인과의 거래 금지 등 각종 제재를 가할 수 있다는 내용을 핵심으로 한다.

홍콩 〈사우스차이나모닝포스트〉는 '중국이 반외국제재법을 쓰기 시작하면 기업들이 왜 어느 한편에 설 수 밖에 없는가'라는 제목의 분석 기사에서 신장 지역에서 나는 면화의 사용 금지 방침을 선언한 다국적 패션 브랜드들과 미국의 수출 제재에 타격을 받은 화웨이의 협력사들이 위험에 처할 수 있다고 전망했다. 법안 시행 전부터 H&M, 나이키, 아디다스 등 신장 면화를 사용하지 않겠다는 정책을 표방한 일부 글로벌 패션 브랜드는 최근 중국에서 강한 불매 운동에 직면해 매출이 심하게 감소했다.

중국의 반격은 2020년 9월 미국의 화웨이 제재와 함께 시작됐다. 당시 미국과 서방의 제재에 맞서 중국 상무부는 사실상 블랙리스트인 '신뢰할 수 없는 기업 명단' 운영에 관한 규정을, 2021년 1월엔 상무부령인 '외국 법률·조치의 부당한 역외 적용 저지 방법'을 발표했다. 하지만 실제 이를 활용한 사례는 없었다. 중국이 최근 새로 도입한 반외국제재법은 앞서 발표된 일련의 외국 제재 대항 관련 규정을 시행하는 법적 근거를 제공한다.

불똥은 TSMC로 튈 것이란 전망이 나온다. 미국 정부의 제재를 이행하기 위해 화웨이에 AP 등 첨단 반도체 공급을 끊은 TSMC도 반외국제재법의 우선 적용 대상이 될 것이라는 전망이 있다. 예를 들어 화웨이가 경제적 손실을 물어내라면서 TSMC에 소송을 낼 경우 법원이 TSMC에 손해배상 판결을 내릴 수 있게 되는 것이다. 중국 현지에선 "TSMC는 미국과 중국 모두에 큰 이익이 걸려 있는 만큼 미국 제재를 존중할 것인지, 중국 반외국제재법을 존중할 것인지 선택을 해야 한다"라는 얘기가 공공연히 나온다.

중국의 반도체 굴기, 일단 꺾였다

화웨이에 이어 SMIC도 타격

○

중국 반도체 굴기의 상징 화웨이가 무너지고 있다. 미국의 반도체 수출 규제가 본격화한 지 약 1년 만이다. 미국 정부의 화웨이 때리기는 집요했다. 반도체 업계에선 미국 정부가 화웨이의 손발을 꽁꽁 묶었다는 평가가 나온다.

미국 정부는 화웨이의 '손' 역할을 하는 자회사인 팹리스 하이실리콘을 무력화하는 데 주력했다. 하이실리콘에서 설계한 칩이 화웨이의 통신장비와 스마트폰에 들어가기 때문이다. 이를 위해 미국 정부는 하이실리콘의 주문대로 칩을 만들어주는 '발' 역할을 하는 파운드리 업체에 칼을 겨눴다. '미국 기술이 들어간 장비나 부품을 화웨이에 수출하지 못한다'라는 조항을 들어 대만 TSMC의 화웨이 제품 수주를 막은 게 대표적인 사례다. TSMC도 반도체를 제조하려면 장비가 필요한데, 이 장비엔 미국 기술이 들어가 있다. 미국 허락 없이는 화웨이에 칩을 공급하지 못한다.

미국 정부는 TSMC 외의 우회로도 원천 봉쇄하기 위해 파운드리 업체들을 타격하기 시작했다. 첫 타깃은 중국 1위, 세계 5위(2021년 2분기 점유율 5%)의 파운드리 업체 SMIC였다. SMIC는 '중국 반도체의 역사'라고 할 수 있는 기업이다.

2000년대 들어 중국은 반도체 등 IT 산업에 관심을 갖게 된다. WTO(세계무역기구) 가입 등의 여파다. 때맞춰 본토 출신 대만인인 장루징이 중국으로 건너간다. 장루징은 1948년 난징 출생으로, 중국 국민당 정권을 따라 그의 일가족이 대만으로 건너갔다.

장루징은 미국에서 유학했고 1977년 세계적인 반도체 기업 텍사스인스트루먼트에 입사했다. 1990년대 들어 텍사스인스트루먼트의 D램 사업이 삼성전자 등에 밀리자, 1997년 대만으로 돌아가 '스다반도체'를 설립했다. 2000년, 한때 텍사스인스트루먼트에서 함께 일했던 TSMC의 창업자 장중머우(모리스 창)가 스다를 합병했다. 이때 회사를 떠난 장루징은 먼저 베이징으로 갔다. 고위 관료와의 미팅에 실패하자 장루징은 상하이에서 새롭게 출발했다.

상하이는 베이징과 달랐다. 당시 시 경제위원회 부주임 장상저우의 도움으로 장루징은 상하이 시장 쉬광디를 만났다. 쉬 시장은 장루징을 양쯔강 변으로 데려가 '아무 땅이나 골라서 공장을 지으라'고 했다. 장루징은 스다반도체 출신 대만인들을 대거 영입하여 SMIC를 설립했고, 2003년 상하이에 8인치 4개와 12인치 1개 등의 생산라인을 건설했다. 이에 대만 TSMC는 화들짝 놀랐고, SMIC가 TSMC의 영업기밀과 특허를 가져갔다며 10억 달러 규모의 배상을 요구했다. 소송 중에도 SMIC는 2004년 뉴욕 증시 상장, 90나노미터 최신 제품 생산 등의 경영 행보를 보였다. 2005년 소송에서 패소한 SMIC는 1억 7,500만 달러에 TSMC와 합의했으며, 장루징은 책임을 지고 사임했다. 2009년 TSMC는 합의금을 통해 SMIC 지분을 가져갔다.

이후 칭화대 출신 장상저우가 장루징의 자리를 물려받았지만, 대만파와 대륙파의 권력투쟁이 시작됐다. 장상저우는 실권자로 등극한 지 2년 만인 2011년 암 투병 중 사임했다. 이후 츄즈인 박사가 CEO로 취임해 SMIC는 13분기 연속 흑자를 기록하는 등 안정을 되찾았다. 2017년 본토 출신 자오하이쥔이 신임 CEO가 돼 제조를 책임지고, 대만 TSMC와 삼성전자를 거친 량멍송이 연구개발 담당 CEO를 맡으면서 현재의 지배구조가 확립됐다.

량멍송의 합류 이후 SMIC의 기술은 빠르게 발전했다. 2018년 10월 14나노미터 연구개발에 성공했고 2019년 12나노미터 공법을 공개했다. 2020년 4월엔 화웨이의 '기린 710A' 칩을 수탁

생산하는 성과를 냈다. SMIC가 현재까지 세계 5위권 파운드리 업체로서 위상을 유지하고 있는 배경이다.

미국의 제재로 TSMC와 거래하기 힘들어진 화웨이는 SMIC를 대안으로 생각했다. 화웨이가 2020년 4월 SMIC에 기린 710A 칩의 위탁생산을 맡긴 것도 SMIC의 기술력을 평가해본 행보로 분석된다. SMIC의 약점은 TSMC나 삼성전자 파운드리 사업부에 비해 기술력이 1~2년 이상 뒤처진다는 것이다. 당시 파운드리 최신 공정은 7나노미터였는데 SMIC는 12~14나노미터 수준에 그쳤다(숫자가 적을수록 더 작고 효율적인 칩을 만들 수 있다). 이런 이유로 화웨이의 기린 710A 칩은 14나노미터 공정에서 생산됐다.

원천 봉쇄된 중국의 노광장비 수입

○

SMIC도 기술력 향상을 위해 끊임없이 노력했다. TSMC와 삼성전자를 거친 량멍송을 영입한 게 대표적인 사례다. 량멍송은 취임 이후 본격적으로 기술 개발에 나섰다. 그가 역점을 두고 추진한 건 10나노미터 미만 파운드리 공정을 개발하는 것이었다. 이를 위해선 반도체 장비 업체 ASML의 EUV 노광장비가 필수적이다. SMIC는 2019년부터 지속적으로 ASML에 EUV 노광장비 공급을 요청했다. 이 장비는 2년이 지난 현재까지도 중국에 못 들어가고 있다. 중국의 장비 확보를 필사적으로 막은 미국 정부의 영향이다.

2019년 6월 마이크 폼페이오 당시 미국 국무부 장관은 ASML 본사가 있는 네덜란드를 전격 방문했다. 그는 고위급 회담 직후 "안보 이익을 위태롭게 하지 말고 미국 요구에 동참하라"라는 강경 발언을 했다. 당시엔 화웨이 통신장비 사용을 겨냥한 것이란 해석이 많았다. 그런데 뚜껑을 열어보니 폼페이오가 겨눈 건 반도체 장비 수출이었다. 로이터통신은 "폼페이오가 2019년 네덜란드 총리에게 최신 반도체 장비의 중국 판매 차단을 요구했다"라고 보도했다. 네덜란드 ASML이 EUV 노광장비를 중국에 공급하려는 걸 막았다는 것이다. 그리고 미국 상무부는 2020년 12월 SMIC를 화웨이와 마찬가지로 블랙리스트에 올렸다.

ASML EUV 노광장비의 중국 수출이 전 세계적인 관심사가 되면서 해프닝도 벌어졌다. 2021년 3월 4일 네덜란드의 반도체 장비 업체 ASML이 세계 5위 파운드리 업체인 중국 SMIC에 12억 달러 규모의 장비를 공급한다는 소식이 외신에 보도됐다. SMIC는 미국 상무부가 지정한 블랙리스트에 올라 있기 때문에 미국 기술이 들어간 장비 등을 공급하려면 미국 정부의 허가를 받아야 한다. 이런 상황에서 ASML이 SMIC에 1조 원이 넘는 반도체 장비를 수출한다는 뉴스가 나오자 전 세계가 놀랐다. ASML이 미국 정부를 무시하고 EUV 노광장비를 공급하려고 한다는 우려도 나왔다. 미국의 중국 반도체 제재의 효력이 약해졌다는 평가도 있었다. 미국 반도체 업계에선 "미국 정책에 대한 모독"이란 격앙된 반응도 있었다고 한다.

결과적으로 ASML이 SMIC에 반도체 장비를 추가로 수출한다는 건 사실이 아니었다. 논란이 커지자 ASML은 이날 홈페이지에 'SMIC와의 대규모 계약에 관한 설명'이란 글을 올렸다. 이 게시물을 통해 ASML은 "SMIC가 대규모 계약에 대한 공시를 했다. 이는 2018년 1월 1일 EUV 노광장비 공급과 관련해 체결한 기존 계약으로, 계약 만료일이 2020년 12월에서 2021년 12월로 연장됐다"라고 설명했다. 또 "장비 대금은 2020년 3월 16일부터 2021년 3월 2일까지 총 12억 달러다"라고 밝혔다. 마지막으로 '중요한 이벤트'가 아니라고 강조했다.

정리하면 ASML이 SMIC에 새로운 장비를 공급하는 계약을 체결한 게 아니라, 기존 계약에 대한 장비 납기가 연장된 것뿐이라는 얘기다.

그렇다면 왜 주요 외신들은 ASML이 SMIC에 12억 달러 규모의 장비를 추가로 공급하는 것처럼 보도한 것일까? 답은 SMIC가 하루 전 홍콩증권거래소에 올린 공시 문서에 있다. SMIC는 홍콩거래소 규정에 따라 이날 계약 개정 사실을 알렸다. '기존 계약을 연장했다'라고 표현하긴 했지만, 문서엔 SMIC가 마치 새 장비를 들여오는 것처럼 투자자들이 오해할 만한 문구가 적지 않았다.

SMIC는 우선 공시 문서 1페이지 상단에 "대량 구매 계약에 따라 2020년 3월 16일부터 2021년 3월 21일까지 12건의 거래를 완료했다"라고 적었다. 그 아래엔 "ASML과 수정된 대량 구매 계약을 체결했다. 계약 기간이 12월 31일까지 연장됐다"라고 알렸다.

2~3페이지엔 재계약 날짜를 2020년 2월 1일로 명시한 뒤 지불 조건, 계약 금액(12억 159만 8,880달러) 등을 마치 새로운 계약서인 것처럼 소개했다. 대량 구매 계약을 체결한 이유에 대해서도 "SMIC는 중국에서 가장 발전한 반도체 제조 업체이고 지속적으로 생산을 확대하고 있다. ASML에 주문한 것은 정상적인 사업 프로세스에 따라 반도체 장비를 구매한 것"이라고 설명했다.

이 같은 모호한 표현 때문에 여러 외신이 "ASML이 SMIC에 새 장비 공급 계약을 체결했다"라고 보도했고, 이게 마치 사실인 것처럼 국내외에 알려진 것이다. 업계에선 SMIC가 미국 반도체 제재에도 불구하고 정상적인 경영활동을 하고 있다는 걸 알리기 위해 무리수를 뒀다는 평가가 나온다. 미국의 반도체 제재 때문에 벌어진 웃지 못할 해프닝이다.

ASML의 중국 수출 금지는 바이든 행정부에서도 이어지고 있다. 2021년 7월 〈월스트리트저널〉 보도에 따르면, 바이든 정부 관계자들은 네덜란드 정부에 국가안보 우려를 이유로 들어 대중 수출을 제한할 것을 요구했다. 바이든 대통령 취임 후 한 달도 지나지 않아 제이크 설리번 백악관 국가안보보좌관이 네덜란드 쪽의 정부 관계자와 통화해 선진 기술에 대한 긴밀한 협력을 강조하면서 반도체 장비 수출 문제를 거론한 것으로 알려졌다. 다만 바이든 행정부는 네덜란드에 수출 금지 관련 협박은 고려하지 않고 있고, 대신 서방 동맹들을 규합해 대중 수출 제한에 대해서만 협력하겠다는 입장이다.

중국의 맹목적 투자 열기가 부른 대규모 사기극

○

해프닝 수준이 아니라 기업이 흔들리는 사례도 생기고 있다. 화웨이, SMIC와 함께 중국 반도체 굴기의 상징으로 꼽혀온 칭화유니가 2020년 12월 심각한 유동성 위기를 극복하지 못하고 디폴트(채무불이행)를 선언했다. 11월에 이어 또다시 만기가 돌아온 회사채를 상환하지 못한 것이다.

12월의 디폴트가 11월보다 더 심각한 건 해외에서 발행해 외국인 투자자 비중이 높은 달러 표시 채권과 연관이 있다는 점이다. 그만큼 향후 연쇄 디폴트 가능성이 더욱 커졌다는 분석도 나왔다.

디폴트 선언 다음 날 홍콩거래소에 상장돼 있는 칭화유니의 회사채는 즉각 거래가 중단됐다. 칭화유니가 발행해 홍콩거래소에서 거래 중인 다른 회사채들도 연쇄 디폴트 우려에 가격이 90% 이상 폭락했다. 당시 칭화유니는 향후 추가로 만기가 도래할 20억 달러 규모의 별도 회사채들도 디폴트 위험이 있다고 공시했다.

칭화유니는 수조 원대 자금을 투입해 충칭 양장신구에 D 램 반도체 생산 공장을 짓고 2021년부터는 양산에 들어가겠다는 계획을 공개한 바 있지만, 현재까지 어떤 소식도 전해지지 않았다. 중국 정부는 칭화유니 지분을 늘려 최악의 상황을 막기 위해 움직였다. 룽다웨이 공산당 서기가 회사 경영에 참여한다고 발표하면서 국유 기업 양강산업그룹이 지분 33%의 신규 주주로 참여할 예정이라고 밝혔다. 칭화대와 양강산업까지 합치면 칭화유니에 대한 중국 정부 지분은 66.6%로 늘어난다.

파운드리 업체 우한홍신반도체제조(HSMC)는 사기극 수준의 먹튀 행보를 보였다. 2020년 9월 중국 경제 전문 매체 〈차이신〉은 우한시가 소유하고 있는 HSMC가 최근 240여 명의 전임직원에게 회사의 재가동 계획이 없다며 퇴사해달라고 요구했다고 보도했다.

충격은 컸다. HSMC는 SMIC와 함께 중국 파운드리 산업을 지탱할 차세대 주자로 꼽혔기 때문이다. 이 회사는 7나노미터 이하 초미세 공정을 적용한 시스템반도체를 제작하겠다며 2017년 우한에서 설립됐다. 총투자액 목표로 1,280억 위안을 제시했고, 중앙정부와 우한시 등으로부터 153억 위안을 받아냈다. 세계 1위 파운드리 업체 대만 TSMC의 미세 공정 개발을 주도했던 장상이를 CEO로 영입해 반도체 업계의 주목을 받기도 했다.

하지만 초기 단계부터 자금난에 봉착하면서 사업이 표류하기 시작했다. 채권자들에게 토지가 압류되는 사건이 벌어지면서 회생하기 어려워졌다. HSMC가 네덜란드 ASML로부터 2019년 말 도입했다고 대대적으로 선전한 노광장비는 채권단이 압류하고 보니 수년 전에 나온 철 지난 기기였다. 애초부터 중국 정부의 반도체 정책 자금을 노린 사기극이라는 지적이 지속적으로 제기됐다. 중국 〈신랑재경〉 등 현지 매체는 "HSMC는 처음부터 실현 가능성이 거의 없는 목표를 내세웠는데, 반도체 산업에 대한 맹목적인 투자 열기가 HSMC의 허점을 가렸다"라고 분석했다. 장상이 CEO도 2019년 퇴사하면서 "회사 정보에 접근할 수가 없었다. 악몽 같은 시간이었다"라고 말했다. 그는 SMIC로 옮겼다.

HSMC를 중점 사업으로 지정했던 우한시 정부가 2019년

8월 이 회사를 직접 인수했다. 이에 회생 가능성이 잠시 거론되기도 했지만, 결국 2020년 9월 해고 통보를 계기로 청산 절차에 돌입한 것으로 분석된다.

칭화유니와 HSMC 사건을 두고 일각에선 '아직 중국은 멀었다'라는 평가가 나왔다. 중국의 반도체 산업 육성 전략에 큰 문제가 있다는 분석도 제기됐다. 반도체 산업은 인재와 기술(경험), 자본이 어우러져야 하는데 돈 쏟아붓기에만 너무 치중하고 있다는 것이다. 한편으론 수조 원에 달하는 '먹튀' 사고가 터지고, 다른 한편으론 칭화유니 같은 국유 기업이 자금난에 시달리는 걸 고려할 때 중국의 자원 배분 효율이 떨어진다는 지적도 나온다. IC인사이츠에 따르면 2019년 중국의 반도체 자급률은 15.6%로 2018년 16.5%에서 오히려 떨어졌다. 반도체 굴기 원년인 2014년 12.7%와 비교해 소폭 상승하는 데 그쳤다. 2025년 목표인 70%와는 격차가 상당하다. 중국 반도체 산업에 먹구름이 드리웠다는 평가가 나오는 이유다.

일각에선 최근 사태는 시간이 지나면 결국 중국의 자산이 될 것이라는 전망도 나온다. 정부와 민간이 반도체 관련 투자를 늘리는 모습을 보면서 더욱 긴장감을 높여야 한다는 조언이다. 자본이 있는 곳에 인재는 몰리는 법이고, 시간이 지나면 경험도 쌓이기 때문이다.

베이징에서 만난 한 IT 기업 대표는 중국이 지금까지 반도체에서 성과를 내지 못한 이유도 최고급 인재가 모이지 않았던 탓이라고 설명했다. 중국의 우수한 젊은이들은 텐센트를 창업한 마화텅과 샤오미의 레이쥔 등 소프트웨어 개발자 출신 기업가를 보면서 이 분야로 몰려들었다. 중국의 소프트웨어 경쟁력이 미국에 이어 세계 2위(소프트웨어정책연구소 2019년 조사)에 올라선 배경이다.

중국 중앙정부는 2025년까지 매년 2,000억 위안 이상의 자금을 반도체 산업에 쏟아부을 계획이다. 2019년 말 기준 중국 전역에서 50여 개의 대형 반도체 프로젝트가 진행되고 있다. 전체 투자 규모가 1조 7,000억 위안에 이르며, 대형 프로젝트들은 중국의 취약점이자 한국의 강점인 메모리반도체 공장에 집중돼 있다.

화웨이도 반도체 산업에 연결되는 끈을 놓지 않고 있다. 상하이에 400억 위안을 들여 반도체 연구개발센터를 짓고 있다는 점이 대표적이다. 반도체 산업으로의 인력 이동도 이미 일어나고 있다. 중국 정부에 2020년 1~9월 기준 '반도체' 산업으로 신규 등록한 기업 수는 1만 3,000여 개로 2019년 9,000여 개를 넘어섰다. 대부분 소프트웨어 개발 능력을 기반으로 한 반도체 설계 전문 기업(팹리스)들이다. 우수 인재가 핵심인 반도체 설계에선 민간이, 막대한 투자가 필요한 생산에선 정부가 주도하면서 중국 반도체 굴기의 기반이 갖춰지고 있다는 분석도 있다.

'인재 블랙홀' 중국에 대항하려면

:

2019년 7월 중국 반도체 업체 푸젠진화는 자사 웹사이트에 D램 연구개발 경력 직원을 채용한다는 공고를 냈다. 이때 경력 요건으로 '삼성전자, SK하이닉스에서 10년 이상 엔지니어로 근무한 경험'을 요구했다. '1세대(1x) 10나노미터 D램 연구 경험'도 자격 요건으로 제시했다. 삼성전자는 그해 3월 3세대(1z) 10나노 D램 개발에 성공한 상태였다. 막대한 투자에도 불구하고 아직 제대로 된 D램을 내놓지 못하고 있는 중국이 삼성전자와 SK하이닉스의 인력을 빨아들여 바로 10나노대에 진입하겠다는 야심을 엿볼 수 있다.

D램 제조 핵심 공정인 CVD(화학기상증착법), PVD(물리기상증착법) 공정 연구 경험이 있는 사람도 뽑고 있다. CVD, PVD는 반도체 웨이퍼 위에 얇은 막을 씌우는 증착 작업이다.

푸젠진화는 미·중 무역분쟁으로 직격탄을 맞은 회사 중 하나다. 미국 마이크론과의 지식재산권 침해 소송에서 패한 뒤 미국 기업과 거래가 끊겼고, 이후 존폐 위기에 이르렀다는 분석이 나왔다. 미국의 경제 보복이 주춤해지자 다시 인재 영입에 나섰다는 관측이다.

이처럼 반도체 분야에서 중국의 인력 빼가기가 치열하고 노골적으로 진행되고 있다. 반도체 굴기를 선언한 중국은 수년 전부터 한국 반도체 인력 빼가기에 혈안이 돼 있다. 최근 한 헤드헌팅 업체는 중국에서 근무할 D램 전문가를 물색하면서 'S사(삼성전자), H사(SK하이닉스) 관련 근무자'를 우대 조건으로 내세웠다. 중국 칩 설계 업체인 유니SOC는 경력 직원 채용 조건에 아예 '삼성전자·SK하이닉스 근무 경력을 우대한다'라고 못 박았다. YMTC, CXMT 등 중국 반도체 기업들은 대졸 신입사원을 채용할 때 한국어 가능자를 우대한다. 한국 엔지니어들이 많이 진출해 있어 기술 전략 회의 때 한국어가 영어처럼 쓰이기 때문이다.

반도체뿐만이 아니다. 헤드헌팅 사이트에는 첨단 디스플레이로 불리는 OLED(유기발광다이오드) 재료 연구개발 전문가 채용공고가 '상시적'으로 떠 있다. 최근 채용공고를 보면 근무지는 중국 안후이성 푸양으로 올라와 있다. 어떤 중국 기업의 채용공고인지는 공개되지 않았지만, 근무지를 고려할 때 삼성디스플레이와 LG디스플레이를 밀어내고 세계 1위 대형 LCD(액정표시장치) 업체 자리에 오른 BOE(징둥팡)로 추정된다. BOE는 중국 정부와 함께 푸양시에 첨단 소재 개발 관련 자회사를 세우고 첨단 OLED 재료 개발에 적극적으로 나서고 있는 것으로 알려졌다. 중국 업체가 대형 OLED 시장 진입에 적극적으로 나서면서 헤드헌팅 업체를 통해 한국 OLED 인력에 러브콜을 보내고 있는 것이다.

국내 디스플레이 업체들은 중국 업체들의 이 같은 행보를 주시하고 있다. OLED 시장에서 자칫 LCD의 전철을 밟을 가능성이 있기 때문이다. 한 국내 대기업 CEO는 "반도체는 웨이퍼 투입에서 제품으로 나오기까지 한 달 이상 걸리지만 디스플레이는 3~5일 정도면 제품이 나온다"며 "디스플레이의 기술 장벽이 반도체에 비해 상대적으로 낮기 때문에 중국 기업들이 국내 기업들을 추격할 가능성이 있다"라고 말했다. 국내 디스플레이 업체 관계자는 "대규모 기술 투자를 통해 중국 업체와 격차를 벌리는 방법밖에 없다"며 "차세대 디스플레이 개발에 주력하고 있다"라고 설명했다.

DSCC 등 일부 시장조사 업체는 2025년 중국의 OLED 시장 점유율이 한국을 앞지를 것이란 전망을 내놓기도 했다. 인력 유출을 막을 뾰족한 방법이 없다는 점도 기업들의 고민을 더하고 있다. OLED가 반도체와 함께 국가 핵심 기술로 지정돼 '의도적인 기술 탈취 및 유출' 등은 엄격하게 제한되지만, 직업 선택의 자유를 침해하는 인력 이동까지 규제하기는 어렵기 때문이다.

기업들은 '경쟁사 2년 이직 금지' 등을 근로계약 조항에 넣어 인력 유출을 막고 있지만 역부족이란 평가가 나온다. 중국 기업들이 유령 계열사를 설립하고 한국인 기술자를 영입하는 사례가 자주 발생하고 있어서다. 2017년께 삼성 출신 디스플레이 기술자가 중국 기업의 위장 계열사에 취업했다가 적발돼 재판을 받은 사례도 있다. 디스플레이 업체 관계자는 "모든 퇴직자의 동선을 파악하기란 현실적으로 불가능하다"라고 설명했다.

산업계에서는 핵심 산업 인재를 파격적으로 우대해줄 수 있는 국가적 고민이 필요하다는 목소리가 힘을 얻고 있다. 국내 한 제조 업체 고위 관계자는 "그동안의 기술 경쟁이 개별 기업 간에 벌어지는 사안이었다면, 이제는 국가가 직접 나서서 경쟁하는 흐름으로 바뀌었다"며 "핵심 인재를 육성만 할 게 아니라 국가가 이들을 관리해 기술이 해외로 유출되지 않도록 노력할 필요가 있다"라고 말했다.

3장

대격변 속 메이저 플레이어로 등장한 파운드리

TSMC 쟁탈전

미국도 눈치 보는 TSMC

○

미국 정부가 화웨이에 반도체 수출을 금지하면서 동시에 압박을 가한 기업은 대만 TSMC다. TSMC는 100조 원 규모로 추정되는 세계 파운드리 시장의 1위(2021년 1분기 기준 점유율 56%) 업체다. 왜 미국은 TSMC 단속부터 나섰을까? 이를 알려면 글로벌 반도체 산업의 구조부터 이해해야 한다.

과거 반도체 기업 중엔 설계, 생산, 판매까지 모든 사업 영역에 관여하는 종합 반도체 기업이 많았다. 미국 인텔과 마이크론, 한국의 삼성전자와 SK하이닉스 등이 대표적이다. 이들은 2010년대까지 세계 시장을 주름잡았다. 그런데 최근 들어 시장 트렌드가 바뀌고 있다. 반도체 설계에 특화한 엔비디아, 퀄컴, AMD 같은 팹리스 업체와 팹리스의 주문을 받아 맞춤형 생산을 전문으로 하는 TSMC 등 파운드리 기업들이 주목받으며 시장의 판을 바꾸고 있다. 4차 산업혁명으로 최첨단 기술에 대한 수요가 커지면서 종합 반도체 업체보다 좁은 사업 영역에 집중해 독보적인 기술과 영역을 구축한 '특화 기업'의 경쟁력이 높아진 것이다. 한 우물을 파면서 잘하는 것을 더 잘하고자 하는 반도체 업계의 트렌드는 상당 기간 지속될 것으로 전망된다.

글로벌 반도체 기업의 시가총액 순위를 보면 이런 경향을 확인할 수 있다. 〈연합뉴스〉가 CEO 스코어와 함께 2021년 5월 27일 종가 기준으로 반도체 기업들의 시가총액을 비교한 자료를 보면, 1위가 대만 TSMC(5,433억 달러)이고 3위가 엔비디아(3,856억 달러)다. 퀄컴(1,507억 달러)과 대만 미디어텍(533억 달러)도 10위 안에 이름을 올렸다. 모두 팹리스 업체다. 그에 비하면 종합 반도체 기업은 2개에 불과하다. 삼성전자가 2위(4,254억 2,000만 달러)이고, 업계 매출 1위(762억 4,000만 달러, 2020년 기준) 인텔은 4위(2,333억 달러)에 그쳤다.

화웨이도 이 같은 반도체 시장의 분업화 트렌드에서 예외일 수 없었다. 하이실리콘이라는 팹리스를 운영하며 설계와 판매를 담당했지만, 생산은 대부분 TSMC에 맡겼다. 화웨이 스마트폰이나 통신장비에 들어가는 반도체는 모두 '하이실리콘 설계-TSMC 생산'의 분업 구조하에서 빛을 봤다. 그런데 생산을 담당하는 TSMC가 미국의 압박에 "화웨이와 관계를 끊겠다"라고 선언하면서 화웨이는 회복 불능 수준의 타격을 받았다.

전 세계 파운드리 시장을 장악하고 있는 TSMC의 중요성은 2021년 초 전 세계적인 자동차 반도체 품귀 국면에서도 다시 한번 입증됐다. 미국, EU, 일본 등 강대국 관료들이 전부 TSMC와 대만 정부에 "제발 우리 자동차 기업에 반도체를 공급해달라"라고 압박하고 부탁했다. TSMC는 결국 서비스 가격을 20% 이상 올리면서 자동차 반도체 생산 비중을 높였다.

TSMC의 높아진 가치는 실적으로도 나타난다. 트렌드포스에 따르면 2021년 1분기 기준 세계 상위 10개 파운드리 업체들의 매출액이 사상 최대 규모인 227억 5,000만 달러로 집계됐다. 이 중 57%인 129억 달러가 대만 TSMC의 몫이다. 전년 동기 대비 2% 증가했다.

대만 반도체의 아버지, 모리스 창

○

TSMC는 어떻게 세계 최고의 파운드리 업체로 우뚝 설 수 있었을까? TSMC의 창업자 모리스 창(장중머우)에 대한 이야기부터 시작해야 한다. 중국 출신으로 반도체 설계 경쟁력이 강한 미국 텍사스인스트루먼트 등에서 근무했던 모리스 창은 일찌감치 설계와 생산의 분업화를 예상했다. 1980년 대만 정부의 부름을 받아 처음엔 국책 반도체 연구기관에서 일했고 7년 뒤 TSMC를 창업했다. '파운드리'라는 사업 영역을 세계 최초로 개척한 것이다.

모리스 창은 2009년 사임 후 약 4년 만에 복귀한 뒤 미래 경쟁력이 될 10나노미터 이하 첨단 공정에 대한 투자를 밀어붙였다. 당시는 글로벌 금융위기의 터널을 갓 지나 경쟁사들이 보수적으로 대응하던 시기였다. 모리스 창은 "나는 계산된 위험만 감수한다"며 연구개발과 시설 투자에 돈을 쏟아부었다. 14나노미터 공정이 주를 이뤘던 2010년대 중반까지만 해도 TSMC는 삼성전자보다 뒤처졌다. 그런데 2010년대 후반, TSMC는 7나노미터 공정 경쟁 관련 '최초' 타이틀을 거머쥐었다. 반도체 업계 고위 관계자는 "공정 기술 측면에서 TSMC가 인텔과 삼성전자를 넘어선 건 2012년부터 2013년 사이"라고 설명했다. 2018년에 모리스 창은 회장 자리에서 은퇴했다. 현재 지분 0.45%를 보유하고 있으며, '대만 반도체의 아버지'로 불리면서 막후에서 TSMC에 상당한 영향력을 행사하고 있다.

사업구조만 놓고 보면 파운드리는 애플의 하청 업체인 폭스콘 같은 OEM(주문자상표부착생산)과 비슷하다. 반도체 업계에선 일반적인 OEM과는 요구되는 기술력의 수준이 다르다. 주문을 받기 전부터 파운드리가 팹리스들에 다양한 설계·생산 노하우를 제공하기 때문이다. 반도체 업계에선 팹리스와 파운드리가 사실상 반도체를 함께 만든다는 얘기가 나온다. 대표적인 사례가 애플과 TSMC의 협업이다. 애플이 인텔의 영향력에서 벗어나 노트북용 자체 반도체 칩 'M1'을 제작할 수 있었던 것도 TSMC의 힘이라고 볼 수 있다.

TSMC의 강점은 첫째 기술력이다. 최근 파운드리 시장에선 반도체를 더 작게 만드는 경쟁이 불붙었다. 반도체를 작게 만들수록 반도체 원료인 웨이퍼 한 장에서 나오는 제품 개수가 많아진다. 제조사 입장에서 이익인 것이다. 스마트폰 업체 등 고객사 입장에서도 반도체가 작아야 제품을 더 작게 만들거나 기능을 많이 넣을 수 있다.

현재 TSMC는 삼성전자 파운드리 사업부와 함께 선폭 5나노미터 반도체를 만들 수 있는 업체로 꼽힌다. 두 회사는 2022년 3나노미터 제품 양산을 위해 매년 조 단위의 자금을 쏟아붓고 있다.

두 번째 강점은 다양한 포트폴리오다. 경쟁자로 꼽히는 삼성전자 파운드리 사업부는 TSMC를 따라잡기 위해 7나노미터 이하 첨단 초미세 공정에 주력한다. 그에 비해 TSMC는 1987년 이후 30년 이상 한 우물만 판 업체답게 첨단 공정뿐만 아니라 '레거시 공정'이라고 불리는 전통 공정도 놓치지 않고 있다. MCU 같은 범용 반도체를 주로 생산하는 28·40·45나노미터 공정이 대표적이다. 다양한 라인업을 갖춘 만큼 고객 수가 8,000여 곳에 달하는 것으로 알려져 있다.

TSMC는 2020년 매출 53조 6,639억 원, 영업이익 22조 7,108억 원을 기록했다. 경쟁 업체인 삼성전자의 2020년 실적(매출 236조 8,100억 원, 영업이익 35조 9,900억 원)보다 적다. 삼성전자의 2020년 반도체 사업 실적(매출 72조 8,600억 원, 영업이익 18조 8,100억 원)과 비교해도 영업이익은 약 4조 원 많지만 매출은 20조 원 가까이 적다.

그럼에도 시가총액은 삼성전자를 앞선다. 긍정적인 평가를 받는 것은 파운드리 사업 성장성의 영향으로 분석된다. 모리스 창의 예측대로 2010년대 들어 글로벌 반도체 산업에서 설계와 생산의 분업화가 확실해지고 있다. 삼성전자가 2019년 '반도체 비전 2030'을 제시하고 '파운드리 세계 1위 달성'을 선언한 것도 파운드리 산업의 성장성을 염두에 둔 것으로 평가된다.

최근 AI, 5G 등 신기술이 발전하면서 최신 반도체 생산을 위한 기술력의 중요성이 점점 커지고 있다. 팹리스뿐만 아니라 테슬라 같은 첨단 자동차 기업부터 구글, 아마존 등 지금까지 반도체에 관심이 없었던 ICT 기업까지 자체 칩 개발을 위해 파운드리의 문을 두드리고 있다. 이에 따라 2021년 100조 원 규모로 추정되는 세계 파운드리 시장도 향후 매년 10% 이상씩 성장할 것으로 전망된다.

TSMC가 키운 대만 반도체 생태계

○

TSMC는 대만 반도체 산업을 일으켜 세웠다는 평가도 받는다. 2020년 12월 15일 '대만 반도체 산업의 심장'으로 불리는 대만 북부 신주과학단지에서 단지 오픈 40주년 기념식이 열렸다. 이날 대만 전자 업계 거물들이 대부분 참석한 가운데 백발의 노인 2명이 손을 맞잡고 있는 사진이 관심을 끌었다. 모리스 창 전 TSMC 회장과 로버트 차오 전 UMC 회장이다. TSMC와 UMC는 각각 세계 1위, 3위 파운드리 업체다. 현지에선 세계 파운드리 시장을 흔들 수 있는 사람들이란 평가가 나온다.

D램, 낸드플래시 등 메모리반도체 시장에서 대만의 존재감은 미미한 수준이다. 난야, 윈본드 같은 대만 업체들은 2010년께 삼성전자에 치킨게임을 걸었다가 회복하기 어려운 피해를 봤다. 대만 업체들은 일본 업체들과 연합해 메모리반도체 시장에서 공격적인 공장 증설과 제품 대량 공급, 가격 인하 등으로 점유율 확대에 나섰지만 세계 1위 삼성전자는 기술력과 원가 경쟁력을 앞세워 버텼다. 결국 적자를 이기지 못한 대만 업체들은 두 손을 들었고, 메모리반도체 세계 5위권 밖에서 명맥을 유지하는 수준으로 버티고 있다. 대만인들에게 삼성전자는 두려운 존재이자 타도의 대상이라고 한다.

그런데 시스템반도체 사업에선 얘기가 다르다. 세계 시장에서 대만 기업 및 기업인들의 위상이 상당하다. '슈퍼 파워'로 주목받을 정도다. 시스템반도체는 쉽게 말해 메모리반도체를 제외한 모든 반도체 사업으로, 글로벌 반도체 시장의 약 70%를 차지한다. 규격화, 대량생산 등이 특징인 메모리반도체와 달리 고객 맞춤형으로 제작되는 경우가 많다.

　대만은 무시할 수 없는 경쟁력을 갖췄다는 평가를 받는다. IC인사이츠에 따르면 팹리스 세계 시장 점유율은 2019년 기준으로 미국이 65%이고 대만이 17%, 중국이 15%다. 한국, 일본, EU 등의 점유율은 각각 1% 남짓이다. 대만 팹리스 미디어텍은 2020년 3분기부터 출하량 기준으로 AP 점유율 세계 1위다. '스

2019년 국가별 팹리스 시장 점유율

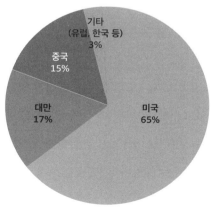

기타
(유럽, 한국 등)
3%

중국
15%

대만
17%

미국
65%

자료: IC인사이츠

　　　　　　　　　　　반도체 대전 2030

냅드래곤' AP로 유명한 전통의 강자 미국 퀄컴을 제친 것이다.

TSMC와 UMC가 버티고 있는 파운드리 시장은 말할 필요도 없다. 패키징 시장에서도 2020년 3분기 기준 상위 5개사 중에 세 곳이 대만 업체들이다. 1위는 ASE이고, 4위는 SPIL인데 ASE와 대주주가 같다. 5위는 파워텍이다. 한국 업체는 10위권에 한 곳도 없다.

팹리스, 파운드리, 패키징이 고르게 발전해야 시스템반도체 사업이 시너지를 내며 커질 수 있다. 팹리스가 성장해야 파운드리 주문이 늘고, 파운드리가 바쁘게 돌아가야 패키징에 떨어지는 물량도 많아지기 때문이다. 또 각 분야에서 기술력이 뛰어난 업체가 함께 있어야 수주 가능성이 커진다. 국내 반도체 업체의 한 관계자는 이렇게 표현했다. "맛집 골목이 형성되려면 골목에 다양한 맛집이 들어와야 한다. 대만은 메뉴별로 가장 잘 만든다는 음식점들이 많이 포진해 있다."

세계에서 거물 대접을 받는 반도체인들도 많다. TSMC 창업자 모리스 창은 말할 것도 없다. 미국에선 리사 수 AMD CEO와 젠슨 황 엔비디아 창업자 겸 CEO가 대만계 반도체 거물로 꼽힌다. 이 둘은 '대만 타이난 출신 미국인'이란 공통점이 있다. 2014년 취임한 리사 수는 쇠락하던 AMD의 중흥을 이끌었다는 평가를 받는다. 업계 관계자들은 존경의 뜻을 담아 리사 수를 '박사'라고 부른다. 젠슨 황은 엔비디아를 시가총액 '톱 3' 반도체 기업에 올려놓은 입지전적 인물이다. 이 거물들은 도움을 주고받으며 대만 반도체의 위상을 높이고 있다. AMD와 미디어텍이 삼성전자가 아니라 TSMC에만 대부분 물량을 몰아주는 게 대표적인 사례다.

파운드리가 생산한 제품을 IT 기기에 탑재할 수 있는 상태로 만드는 후공정 산업도 대만에서 특히 발전했다. 세계 1위 후공정 업체 ASE, 4위 SPIL, 5위 파워텍 등이 대만에 본사를 두고 있다. TSMC에 주문이 몰리면서 자연스럽게 후공정 업체들도 함께 발전하게 된 것이다. 2020년 기준 대만의 매출 1조 원 이상 반도체 상장사는 총 21곳이다. 미국(32곳)보단 적지만 한국(7곳), 중국(17곳)보다 많다.

대만 시스템반도체의 강점은 다양한 공정 포트폴리오를 갖추고 있는 TSMC 덕분이라는 분석이 나온다. 팹리스들이 파운드리 업체를 통해 설계를 다양하게 시험해볼 수 있는 밑거름이 됐기 때문이다. TSMC가 팹리스들과 협업하며 기술 노하우를 발전시키는 것도 긍정적인 측면으로 꼽힌다.

대만 반도체는 왜 강한가?

:

대만 반도체 산업이 잘나가는 이유가 무엇일까? 황철성 서울대 석좌교수, 안기현 한국반도체협회 전무, 최현재 유안타증권 글로벌투자정보센터장의 의견을 정리했다.

▶ 대만 시스템반도체는 왜 강할까요?

황철성 교수: TSMC라는 강력한 파운드리 기업이 있어서 그렇습니다. 자국 기업을 강력하게 지원하죠.

안기현 전무: 전 세계에서 파운드리를 가장 먼저 시작한 게 대만입니다. 그러다 보니까 반도체 제조 산업이 강하죠. 설계를 잘해서 잘 판매하려면 제조가 필요하니까 팹리스들도 컸습니다. TSMC가 팹리스들을 키운 것이죠.

최현재 센터장: 우리나라가 IT 잘하는 것과 비슷한 사례인 것 같습니다. 과거에 유럽 회사 필립스가 대만에 공장을 세웠습니다.

서구권 선진국에 있던 기업들이 값싼 노동력을 찾아서 왔는데, 양질의 노동력에다가 세제혜택까지 주어지니까 결국 눌러앉았어요. 그 과정에서 조립 기술을 어깨너머로 배웠으리라고 봅니다.

▶ 대만 시스템반도체 산업은 어떻게 발전했을까요?

안기현 전무: 중국 시장을 기반으로 성장했습니다. 지금은 중국 팹리스들도 많이 발전했는데, 예전엔 대만 업체들이 중국에 가서 사업을 했습니다. 그래서 팹리스가 컸죠. 대만 팹리스에는 미디어텍만 있는 게 아닙니다. 엄청 많은 팹리스가 경쟁하고 있죠.

최현재 센터장: 미디어텍은 가짜 제품 만드는 중국 업체들, '그레이마켓'이라고 하죠, 그쪽 휴대전화 업체들에 칩을 설계해주면서 회사가 커졌어요. 또 빠질 수 없는 게 애플 제품을 OEM으로 생산하는 폭스콘 공장이 대부분 중국에 있는데, 대만 기업들이 값싼 노동력을 찾아 푸젠성과 광둥성 쪽으로 갔어요. 거기서 중국의 값싼 노동력과 대만의 자본·기술이 결합되면서 저렴하지만 괜찮은 기술력으로 OEM을 하게 된 것 같아요.

▶ 결국 중국과 TSMC의 힘이 컸던 거군요. 삼성과 비교할 때 TSMC의 경쟁력은 뭘까요?

황철성 교수: 삼성전자 파운드리는 상대적으로 업력이 길지 않죠. 최신 팹(생산시설)을 갖고 하다 보니까 '레거시'라고 불리는 것들, 그러니까 초미세 공정 말고 전통 공정 서비스가 쉽지 않습니다. 퀄컴이나 엔비디아 같은 큰 파트너를 잡아서 비즈니스를 키우는 게 우선이죠.

▶ TSMC는 다양한 서비스를 한다고 하던데요.

황철성 교수: TSMC에는 예전 팹(생산라인)이 많습니다. 150나노미터 공정도 해주고요. 주변 교수님들 중에도 TSMC 90나노미터 공정에서 제품을 만든 분이 있어요. 작은 고객들도 잘 지원합니다. TSMC 고객사가 8,000곳이라고 하죠. 결국 '지원'이 경쟁력입니다.

▶ 한국은 반도체 인력 수급이 어렵다고 하던데요, 대만은 어떤가요?

황철성 교수: 대만에선 반도체 전공이 인기가 높다고 합니다. 대만이 또 우리하고 다른 게 영어가 공용어에 가깝다는 점이죠. 그래서인지 대만은 외국인들에 대해 열려 있습니다. 개방적이

죠. 대만 TSMC에는 외국인들이 많습니다. 그리고 대만 사람들도 다 영어 이름을 갖고 있고 서로 영어 이름을 부르죠. 그래서 세계를 상대로 비즈니스하는 게 쉽습니다. (실제 TSMC 창업자는 '장중머우'란 중국 이름보다 '모리스 창'이란 영어 이름으로 더 잘 알려져 있다.)

▶ **젠슨 황, 리사 수 같은 대만계 미국인들이 글로벌 반도체 시장에서 맹활약하는 데에도 이런 이유가 있을까요?**

안기현 전무: 대만 인력 상당합니다. 미국 유명 반도체 회사 가보면 화교가 30%입니다. 중국에서 반도체 산업이 발전하기 전엔 이런 중국계 미국인 인력이 다 대만으로 갔습니다. 그래서 대만 반도체 산업이 발전했어요. 미국에서 한때 화교들이 본국으로 돌아가는 데 대해 우려를 나타내기도 했을 정도죠. 중국이나 대만 학생들이 이공계를 많이 선택한다고 하는데요. 리사 수 박사나 젠슨 황 같은 대만계 미국인들이 반도체 산업에서 클 수 있었던 것도 이공계를 선호하는 화교들의 분위기가 간접적으로 영향을 주지 않았을까요?

▶ **대만에선 중소 IT 기업들도 두텁게 자리 잡고 있다고 하던데요.**

최현재 센터장: 대만의 특성 자체가 부품 기업 중심입니다. 몇 년 전에 한국에서 시가총액 1조 원 이상 되는 부품 업체들을 줄 세워보면 LG이노텍, 삼성전기 등 해서 10개가 안 됐습니다. 그런데 대만은 50개가 넘었어요. 시총의 60%가 IT다 보니까 IT 기술력이 강하지 않나 생각합니다.

▶ **한국이 시스템반도체 사업에서 대만을 따라잡을 수 있을까요?**

황철성 교수: 삼성이 TSMC를 상대하기는 버거울 거예요. 왜냐하면 대만에 있는 최고 우수 인력이 TSMC로 가니까요. 삼성은 TSMC와 싸우는 게 아니라 '대만 전체'와 싸우는 겁니다. 그런데 한국에선 삼성을 그렇게 전폭적으로 지원해주나요? 이런 상황에서 삼성은 메모리도 하고 파운드리도 하잖아요. 파운드리에서 세계 2등인데 격차가 큰 2등이죠. TSMC가 1년에 30조 원 투자하는데 삼성은 메모리와 파운드리 다 합쳐서 20조~25조 원 투자할 겁니다. 쉽지 않은 상황인 거죠.

파운드리 육성 나선 삼성전자

이재용 부회장의 꿈 '반도체 비전 2030'

○

'경영의 달인'으로 불리는 대기업 CEO들도 머뭇거리는 순간이 있다. 반도체 투자처럼 수십조에서 수백조 원의 돈이 들어가는 의사결정을 앞두었을 때가 그렇다. 결정을 하지 못해 골든 타임을 놓친 사례도 많다. 한때 세계 시장을 주름잡던 일본 반도체 기업의 CEO들이 대표적이다.

삼성은 조금 달랐다. 오너의 '빠른 결단'이 그룹의 역사를 바꿨다. 1983년 반도체 산업에 전격 진출했던 고(故) 이병철 회장이 그랬다. 1987년 이후 고 이건희 회장의 반도체 투자와 관련한 숱한 결단들도 삼성을 글로벌 기업의 반열에 올려놨다.

2019년 4월 24일 이재용 삼성전자 부회장도 결단을 내렸다. 삼성전자가 반도체 시장에서 1위로 올라서기 위한 중장기 비전을 전격 발표했다. '반도체 비전 2030'이다. 삼성전자는 2030년

시스템반도체 비전 선포식에서 발언하고 있는 이재용 삼성전자 부회장

자료: 삼성전자

까지 133조 원을 시스템반도체(메모리반도체가 아닌 반도체와 서비스), 특히 파운드리에 투자하기로 했다. 2030년까지 12년간 연구개발 분야에 73조 원, 첨단 생산시설에 60조 원을 투자하는 내용을 담았다. 연평균 11조 원 규모다. 2018년 삼성전자 시스템반도체 분야의 연구개발과 설비투자 대비 각각 2~3배 늘어난 수준이다.

삼성이 10년 단위의 장기 비전을 내놓은 것은 2009년 이건희 회장의 '비전 2020' 이후 10년 만이다. 세계 1위 메모리반도체 사업을 일으킨 아버지처럼 시스템반도체 분야에서 사실상 창업을 하겠다는 이재용 부회장의 의지가 반영됐다. 황철성 서울대 석좌교수는 "대규모 선제 투자로 메모리반도체 사업을 세계 1위로 끌어올린 성공 방정식을 파운드리와 같은 시스템반도체에 활용하겠다는 전략"이라며 "삼성이 취할 수 있는 가장 효과적인 캐치업(1위 따라잡기) 전략"이라고 평가했다.

삼성전자가 내놓은 '반도체 비전 2030'의 핵심은 대표적 비메모리반도체인 시스템반도체의 경쟁력 강화다. 삼성이 주도하고 있는 D램, 낸드플래시 등 메모리반도체 시장에 만족하지 않고 퀄컴·소니·TSMC 등 전통의 강자들과 파운드리, 모바일 AP, 자동차용 반도체 등을 놓고 본격적으로 겨뤄보겠다는 것이다.

특히 투자액 대부분이 파운드리에 배정된 것으로 알려졌다. 파운드리에 대해 삼성전자가 본격적으로 공을 들이기 시작한 것이 이때부터다. 2021년 현재 세계 파운드리 시장에서 삼성전자는 1위 대만 TSMC보다 시장 점유율이 30%p 이상 낮은 2위다. 삼성전자는 시설 투자액 60조 원 중 58조 원을 경기 화성 EUV 라인 등 파운드리 경쟁력 향상에 쏟아부어 TSMC를 잡겠다는 의지를 내비쳤다. 58조 원을 투자 기간(12년)으로 나누면 1년에 5조 원꼴이다. 2018년 삼성 시스템반도체 투자액의 약 2배 수준이다.

전체 투자액의 55%인 73조 원을 연구개발에 배정한 것도 이

례적이다. 연구개발 투자는 결국 사람에 대한 투자다. 2019년 기준 향후 12년간 1만 5,000명 규모의 인력을 끌어모아 5G, AI, IoT 등 아직 초기 단계인 시스템반도체 개발 및 생산에 박차를 가하겠다는 의지가 담겼다는 분석이 나온다. 업계에선 "삼성의 연간 연구개발 투자액의 2~3배 수준"이라며 "고용 창출에 앞장선다는 이미지를 다지겠다는 뜻도 읽힌다"라는 얘기도 나온다.

문재인 대통령은 6일 뒤인 4월 30일 경기 화성 삼성전자 캠퍼스를 찾아 "2030년까지 시스템반도체 파운드리 분야에서 세계 1위를 달성할 수 있도록 모든 지원을 아끼지 않겠다"라고 말했다. 문 대통령은 "시스템반도체에 대한 새로운 도전은 첨단을 넘어 미래를 담은 계획"이라며 민·관의 총력전을 당부했다. 또 시스템반도체 시장에서 우리 비중이 3%에 불과하지만 세계 최고 수준의 연구개발 인력과 생산 역량, 기술, 투자 여력이면 얼마든지 세계 시장을 석권할 수 있다"라고 강조했다. 그러면서 "133조 원을 투자해 세계 1위로 도약하겠다는 삼성전자의 원대한 목표 설정에 박수를 보내며 정부도 적극적으로 돕겠다"라고 약속했다.

정부는 메모리반도체 분야의 강점을 살려 시스템반도체 분야에서도 해볼 만하다는 판단을 내렸다. "기업이 성장하려면 항상 새로운 시도를 해야 한다"라는 이 부회장의 결단도 결정적인 역할을 했다. 5G, AI, IoT 등 4차 산업혁명의 핵심 기술과 연계된 시스템반도체 시장이 점점 커지는 상황에서 더는 지체할 수 없다는 위기의식을 갖게 된 것이다. 이 부회장은 이날 인사말을 통해 "메모리에 이어 파운드리를 포함한 시스템반도체 분야에서도 당부하신 대로 확실한 1등을 하겠다"라며 의지를 다졌다. 과감한 투자 배경에 대해선 "반도체는 4차 산업혁명 시대에 거대한 세상을 움직이는 작은 엔진이자 우리 미래를 열어가는 데 꼭 필요한 동력이라고 확신한다"라고 덧붙였다.

이후 시찰을 위해 옮겨간 신규 반도체 공장 건설 현장에는 '시스템반도체 세계 최고를 향한 도전을 결코 멈추지 않겠습니다'라고 쓰인 현수막이 걸려 있었다. 최첨단 EUV 공정을 적용한 시스템반도체 공장 'V1'이다. 문재인 대통령이 공장에 들어서자, 당시 파운드리 사업부장이던 정은승 삼성전자 사장이 "EUV 장비가 높아서 12층 높이로 짓고 있는데 20조 원이 투자됐다"라고 설명했다. 옆에 있던 이 부회장이 "이 공장 짓는 돈이 인천공항 3개 짓는 비용"이라고 소개하기도 했다.

문 대통령도 삼성전자 측의 브리핑 도중 "EUV 전용으로 만들었느냐", "건물에 팹(생산라인)이 몇 개냐" 등의 질문을 던지며 '빠삭한' 반도체 지식을 드러내 참석자들을 놀라게 했다. 정 사장은 "현재 진척률이 75%"라며 "2020년 2월부터는 양산이 가능할 것"이라고 설명했다.

문 대통령은 삼성전자의 평택 공장 증설에 대해 자신 있느냐고 물었고, 정 사장은 "지금까지 해냈듯이 꼭 해내겠다"라는 의지를 다졌다. 행사를 마친 문 대통령이 사업장을 떠나기 직전 이 부회장의 등을 서너 차례 두드리며 격려한 뒤 인사를 건네 눈길을 끌기도 했다.

2년이 지난 2021년 삼성전자는 '반도체 비전 2030' 개정판을 발표했다. 총수인 이 부회장은 당시 구속 상태였지만 반도체 산업, 특히 파운드리 산업을 둘러싼 각국의 패권 경쟁이 심화되면서 투자를 미룰 수 없었기 때문이다.

삼성전자는 2030년까지 171조 원을 파운드리에 투자한다. 2019년 공개한 133조 원 규모 투자 계획에 38조 원이 추가됐다. 대만 TSMC를 빠르게 추격해 '2030년 파운드리 세계 1위' 비전을 조기에 달성하기 위해서다. 반도체 품귀와 장기 호황(슈퍼 사이클)에 대응하기 위해 최첨단 D램·파운드리 라인 건설이 예정된 경기 평택 3공장의 완공 일정은 2022년 하반기로 앞당겼다. 업계에선 "삼성전자가 메모리반도체 초격차(migration)와 파운드리 리더십 확보를 위해 승부수를 던졌다"라는 평가가 나온다.

171조 원 중 대부분이 파운드리 연구개발과 생산시설 투자에 투입된다. 세계 1위 TSMC와의 격차를 줄여나가 세계 1위를 차지한다는 목표를 조기에 달성하기 위해서다. 트렌드포스에 따르면, 2021년 1분기 기준 TSMC의 시장 점유율은 56%이고 삼성전자가 18%로 격차가 작지 않다. 하지만 선폭 10나노미터 이하 '최첨단 공정'에선 두 회사가 대등한 경쟁을 벌이고 있다.

삼성전자는 파운드리 대규모 투자를 통해 국내 시스템반도체 생태계를 조성하는 데에도 주력하겠다는 계획을 밝혔다. 국내 파운드리 시장이 커질수록 잠재 고객사인 한국 팹리스들의 성장 가능성이 커지고, 팹리스가 늘어날수록 시스템반도체 전반의 경쟁력이 개선되는 '선순환' 효과가 나타날 것으로 기대된다. 김기남 부회장은 "반도체 산업이 대격변을 겪는 지금이야말로 장기적인 비전과 투자의 밑그림을 그려야 할 때"라며 "외부의 도전이 크지만 현재를 넘어 미래를 향해 담대히 나아갈 것"이라고 말했다.

삼성전자는 40조~50조 원 투자가 예정된 평택 3공장 가동 시기도 2023년 상반기에서 2022년 하반기로 앞당겼다. 평택 3공장은 축구장 25개 크기의 세계 최대 규모 반도체 공장으로 지어질 예정이다. 이곳에선 네덜란드 장비 업체 ASML의 EUV 노광장비를 활용하여 최첨단 14나노미터 D램과 5나노미터 스마트폰용 AP 등을 양산할 계획이다. 삼성전자 관계자는 "평택 반도체 공장은 최첨단 제품을 양산하는 전초기지이자 글로벌 반도체 공급기지로서 주도적 역할이 더욱 강화될 전망"이라고 설명했다.

변동성 큰 메모리 대신 안정적인 시스템반도체에 주력

○

삼성전자는 왜 171조 원이란 천문학적인 돈을 파운드리에 투자할까? 우선 팹리스, 파운드리 등 시스템반도체 시장이 삼성전자의 주력인 메모리반도체 시장보다 크기 때문이다. 2020년 12월 세계반도체시장통계기구(WSTS) 조사에 따르면, 시스템반도체 시장 규모는 3,212억 달러로 삼성전자가 주도하고 있는 메모리반도체(1,625억 달러)의 2배 수준이다.

시스템반도체는 성장성도 높다. 한국수출입은행 해외경제연구소가 2020년 12월 발간한 '시스템반도체 산업 현황 및 전망'

반도체 시장 규모

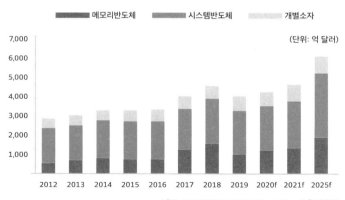

자료: WSTS(2020.12), IC Insights, 수출입은행

보고서에 따르면, 시스템반도체 시장은 2019년 약 250조 원에서 오는 2025년 약 374조 원으로 연평균 7.6% 증가하는 것으로 나타났다.

메모리반도체에 편중하는 것이 리스크가 크다는 점도 있다. 반도체 강국의 입지는 구축했지만 경기 변동의 영향을 받기에 불안정했다. 대규모 장치 산업인 메모리반도체 산업은 수요와 공급의 차이에 따라 2년 내외 주기로 제품 가격의 등락이 반복됐다. 메모리 1위 삼성전자는 메모리 가격이 변동함에 따라 매출이 변화했다. D램 슈퍼 호황기였던 2018년 3분기 24조 7,700억 원에 달했던 삼성전자의 반도체 매출이 2019년 1분기 14조 4,700억 원으로 41.6% 급감한 게 대표적인 사례로 꼽힌다.

세계 반도체 산업의 70%를 차지하는 시스템반도체 시장에서 삼성전자는 메이저 플레이어가 아니다. 산업통상자원부도 "한국의 경쟁력은 전반적으로 열위"라며 "시스템반도체 산업의 후발주자로서 아직은 경쟁력이 부족하다"라고 진단했다. 한국 기업들의 세계 팹리스 시장 점유율은 2% 미만이며, 파운드리 점유율에서도 대만과 격차가 크다.

이런 사정 때문에 삼성전자의 반도체 경쟁력은 '반쪽짜리'라는 냉정한 평가가 많았다. 메모리반도체 시장은 삼성전자가 40% 정도의 점유율을 기록하며 장악했지만 시스템반도체, 특히 팹리스 분야에선 모바일 AP, 이미지센서를 제외하곤 별 볼

일 없는 수준이다. 삼성전자가 인텔을 따라잡기 위해 20년간 CPU 개발에 공을 들이다가 결국 손을 들었다는 건 업계에 공 공연하게 퍼져 있는 얘기다.

이런 상황에서 5G, AI, IoT 등 4차 산업혁명의 핵심 기술과 연계된 시스템반도체 시장이 점점 커지자 더는 지체할 수 없다 는 위기감이 삼성 내부를 짓눌렀다. 서울대 공과대학의 한 교수 는 "삼성전자가 모바일 AP의 성공으로 자신감을 얻었겠지만 그 외의 시스템반도체 시장을 보면 경쟁자보다 기술력이 떨어 지는 게 사실"이라며 "대규모 투자는 기술력을 높이기 위한 필 연적 선택"이라고 말했다.

삼성 파운드리의 전략 무기 GAA 공정

○

이재용 삼성전자 부회장이 2019년 '파운드리 세계 1위'라는 목 표를 제시한 이후 약 2년이 흘렀다. 상황은 어떨까? 성과가 나오 고 있다는 사실이 매출에서 확인된다. 삼성전자는 파운드리 사 업부의 실적을 공개하지 않지만, 시장조사 업체의 추정 자료를 통해 미뤄 짐작할 수 있다.

시장조사 업체 트렌드포스와 증권 업계에 따르면 2020년 삼성전자 파운드리 매출은 17조 원 정도로 추정된다. 매출 약

15조 원을 기록한 2019년보다 약 13.3% 늘었다. 세계 시장 점유율은 17~18%로 TSMC와 35%p 정도의 격차를 나타내고 있지만 실적은 꾸준히 올라가고 있는 것이다.

자신감도 대단한 수준이다. 삼성전자는 2021년 2월 주주총회소집공고 공시 자료를 통해 "선단(advanced, 첨단) 공정에선 TSMC와 양강구도를 형성해 경쟁 중이다"라고 밝혔다. 이 자료에서 삼성전자는 자사의 파운드리 사업 경쟁력에 대해 TSMC와 양강구도라고 평가했다. 선폭 7나노미터 이하 공정을 뜻하는 '선단 공정에서'라는 단서를 달았지만, 세계 1위 업체에 밀리지 않는다는 자신감을 피력한 것이다.

사실 전 세계 전체 파운드리 시장 점유율만 놓고 보면 TSMC와 삼성전자의 격차는 작지 않다. 이는 최신 5나노미터부터 90나노미터 이상의 레거시 공정까지를 모두 포함한 수치다. 하지만 '선단 공정'이라고 불리는 첨단 공정만 놓고 보면 격차가 크게 좁혀진다. 트렌드포스는 2020년 11월 보고서에서 "2021년 10나노미터 이하 첨단 공정 점유율은 TSMC 60%, 삼성전자 40%가 될 것"이라고 전망했다.

삼성전자의 자신감은 기술력, 강한 파운드리 수요, 대규모 투자 등이 맞물린 결과로 분석된다. 삼성전자는 상기 공시 자료에서 "2020년 4분기 5나노미터 1세대 제품을 공급했고 올해 하반기엔 5나노미터 2세대, 3세대 공정 제품을 동시에 양산할 계획"

이라고 설명했다. TSMC도 현재 5나노미터 공정이 주력이라는 점을 고려할 때 대등한 기술 경쟁을 벌이고 있다는 평가가 나온다.

또 "GAA(Gate-All-Around) 기술 개발로 미래 기술을 주도할 것"이라고 강조했다. GAA는 삼성전자가 2022년에 본격화할 계획인 3나노미터 공정부터 적용될 예정인 신기술이다. 이는 반도체에서 전류를 흐르게 하는 스위치 역할을 하는 트랜지스터와 관련이 있다.

트랜지스터에서 가장 중요한 부분이 '게이트'다. 게이트에 전압을 가하면 게이트와 맞닿아 있는 '채널'이 전기의 길을 열고 반대의 경우 전류를 차단한다. 반도체의 성능은 게이트와 채널에서 누설되는 전류를 얼마나 줄이고 효율적으로 관리하느냐에 따라 갈린다고 한다. 정리하면, 트랜지스터에서 전류를 컨트롤하는 게이트와 채널이 닿는 면적이 클수록 전력 효율성이 높아진다.

삼성전자에 따르면, 과거에 많이 쓰던 평판 트랜지스터는 게이트와 채널이 하나의 면으로 맞닿아 있는 2D 구조다. 반도체 공정이 미세화될수록 트랜지스터 크기가 줄고, 게이트와 채널이 맞닿는 면적도 작아져 제 역할을 하지 못하는 문제가 늘었다. 그래서 개발한 것이 채널을 건물을 세우듯 올려서 게이트와 채널이 맞닿는 면적을 높인 구조다. 이를 핀펫(FinFET)이라고

2D와 3D(핀펫) 구조 비교

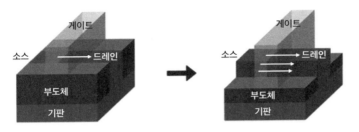

왼쪽이 평면(2D)구조 트렌지스터, 오른쪽이 핀펫 구조

자료: 삼성전자

부른다. 채널 모양이 지느러미(Fin)를 닮았다고 해서 붙은 이름이다. 게이트와 채널 간 접하는 면이 넓을수록 효율이 높아진다는 점에 착안해 평면이 아닌 3면에서 맞닿는 구조로 바꾼 것이다.

핀펫 구조는 5나노미터 공정까지 활용할 수 있다. 문제는 5나노미터보다 더 미세한 4나노미터 공정에선 핀펫 구조의 한계가 발생한다는 것이다. 그래서 삼성전자가 2018년에 개발한 미래 기술이 GAA다. GAA는 3면에서 채널과 게이트가 접했던 핀펫 구조와 달리 게이트가 채널 4면을 둘러싸게 한 것이다. 좀더 세밀하게 전류를 조정할 수 있게 해 높은 전력 효율을 얻을 수 있도록 했다.

2019년에 열린 파운드리 포럼에선 GAA보다 더 진화한

'MBCFET(Multi-Bridge Channel FET)'를 발표했다. GAA보다 게이트와 채널이 맞닿는 면적을 더욱 넓게 한 것으로, 1나노미터 공정에서 활용할 예정이다. 삼성전자에 따르면, MBCFET 공정은 7나노미터 핀펫 공정에서보다 소비전력이 50% 줄고, 성능이 35% 뛰어난 제품을 만들 수 있다. 삼성전자는 "GAA, MBCFET 기술을 대형 고객의 차기 제품 수주로 연결하여 중장기 사업 확대 기반을 마련할 것"이라고 밝혔다. 기술력을 앞세워 퀄컴, 엔비디아 등 현재 대형 고객사들을 놓치지 않겠다는 의지를 표명한 것이다.

TSMC를 뒤쫓는 삼성의 연이은 수주 낭보

○

삼성전자는 2020년부터 파운드리 대형 수주 계약을 여러 건 따냈다. 그중 하이라이트는 미국 퀄컴의 최신 스마트폰용 AP 칩을 전량 생산하기로 한 것이다.

2020년 6월 삼성전자 파운드리 사업부는 퀄컴의 AP 칩인 스냅드래곤888을 5나노미터 공정에서 수탁생산하는 계약을 따냈다. 스냅드래곤888은 프리미엄 스마트폰 시장을 겨냥한 퀄컴의 5G AP 칩으로 2020년 12월 출시됐으며, 갤럭시S21을 비롯해 중국 샤오미·오포 등의 고급 스마트폰에 장착됐다. 퀄컴의 주력 제품을 삼성전자가 전량 수주한 건 당시가 처음인데, 계약 규모가 1조 원에 육박하는 것으로 알려졌다. 삼성전자는 경기 화성 파운드리 라인에서 EUV 노광장비를 활용해 스냅드래곤888을 양산하기 시작했다.

업계에선 스냅드래곤888을 세계 1위 파운드리 업체인 대만 TSMC가 맡아 생산할 것이란 관측이 우세했다. 삼성전자가 예상을 뒤집은 건 기술력과 영업 전략이 주효했기 때문이다. 업계 관계자는 "TSMC와 대등한 초미세 공정에서 높은 효율을 낼 수 있는 기술을 보유한 삼성전자가 세계 시장에서 제대로 평가받기 시작했다"며 "삼성전자의 가격 경쟁력도 TSMC를 앞섰다"라고 말했다.

우선 기술력 측면을 보면, 삼성전자가 최첨단 공정에서 TSMC 못지않은 기술력을 갖췄다는 평가가 나온다. 프리미엄 주력 제품 생산을 위탁할 정도로 삼성의 기술력에 대한 퀄컴의 믿음이 두터워졌다는 의미다. 파운드리는 맞춤형 정장을 제작하듯 고객의 주문을 받아 반도체를 생산하는 사업이다. 고객사의 설계를 반영해 기존 제품보다 크기가 더 작고, 전력을 덜 쓰면서도 연산 속도가 빠른 제품을 생산하는 게 경쟁력의 핵심이다.

삼성전자는 5나노미터 초미세 공정으로 제품을 생산하고 있다. 5나노미터는 게이트 간격(선폭)을 뜻하는데, 이 폭이 좁을수록 제품을 더 작게 제조할 수 있다. 크레파스보다 샤프로 더 미세한 표현을 할 수 있는 것과 비슷한 이치다. 현재 이 공정으로 반도체를 생산할 수 있는 기업은 전 세계를 통틀어 삼성전자와 TSMC뿐이다.

파운드리 후발주자인 삼성은 '비슷한 품질, 더 싼 가격'을 앞세워 TSMC가 장악해온 업계의 질서를 바꾸고 있다. 이에 앞서선 미국 GPU 업체 엔비디아의 최신 GPU 위탁생산 물량을 따냈다. 글로벌 GPU 시장의 최강자인 엔비디아는 그간 최신 GPU 생산 물량을 TSMC에 맡겨왔지만, 이번엔 삼성전자를 사업 파트너로 택했다.

보통 수주 사실은 잘 공개되지 않는다. 기밀이라서다. 삼성 파운드리의 엔비디아 수주는 엔비디아에서 먼저 밝혔다. 엔비디아는 차세대 GPU '지포스 RTX 30' 시리즈를 선보이는 공식 행사에서 "신제품을 삼성전자의 8나노미터 파운드리 공정을 통해 생산한다"라고 발표했다.

엔비디아의 신형 GPU는 고사양 PC 게임에 탁월한 성능을 발휘한다. 그래서 그동안은 기술력이 앞서 있다고 평가받은 대만 TSMC에 반도체 생산을 맡겼고, 삼성전자에는 일부 저가형 제품 생산만 위탁했다. 엔비디아가 TSMC 대신 삼성전자를 택한 것은 삼성전자의 반도체 미세 공정 경쟁력과 가격 경쟁력을 동시에 고려했기 때문인 것으로 풀이된다. 엔비디아의 차세대 GPU는 기존 제품보다 성능이 2배가량 향상됐지만 가격은 비슷하다. 비결은 고가의 EUV 설비가 필요하지 않은 8나노 공정으로 만든다는 것인데, 8나노 공정은 삼성전자만 보유하고 있다.

또 5월엔 삼성전자가 미국 IBM의 차세대 서버용 CPU '파워 10'의 위탁생산을 맡기로 했다는 사실도 외신 등을 통해 공개됐다.

그에 앞서 2019년 말엔 삼성전자가 중국 최대 인터넷 검색 사이트인 바이두의 반도체 파운드리 사업을 수주했다. 상호 협약에 따라 삼성전자가 직접 "바이두의 14나노미터 공정 기반 AI 칩인 '쿤룬'을 내년 초부터 양산한다"라고 발표했다. 양사 간 첫 파운드리 협력으로 삼성전자는 파운드리 사업 영역을 AI 칩으로까지 확대하게 됐다.

바이두의 쿤룬은 클라우드부터 에지컴퓨팅까지 다양한 분야의 AI에 활용될 수 있는 AI 칩이다. 여기에는 바이두의 자체 아키텍처 'XPU'와 삼성전자의 14나노 공정 및 아이큐브 패키징 기술이 접목됐다. 삼성전자는 고성능 컴퓨팅에 최적화한 파운드리 솔루션을 적용해 기존 대비 전력과 전기 신호 품질을 50% 이상 향상시켰다. 정은승 당시 삼성전자 파운드리 사업부장은 "모바일 중심이었던 파운드리 사업을 고성능 컴퓨팅 분야로 확대하게 됐다"며 의미를 부여했다.

때마다 불거지는 수율 문제

○

때마다 불거지는 삼성전자 파운드리의 '수율' 문제는 개선 과제로 지적된다. 수율은 전체 생산품에서 양품이 차지하는 비율을 말하며, 반도체 사업의 기술력과 수익성의 중요한 척도로 꼽힌다.

수율은 영업기밀이다. 절대 외부에 공개되지 않는다. 삼성전자 수율에 대한 지적이 나오는 건 삼성전자가 수주한 엔비디아 GPU, 퀄컴 AP 등의 공급량 부족 문제가 불거졌기 때문이다. 삼성전자 파운드리의 수율이 나쁘기 때문에 제품을 충분하게 생산할 수 없고, 그 때문에 발주 업체의 제품이 전 세계적인 품귀 상황에 내몰리고 있다는 것이다.

이 같은 분석은 삼성전자와 경쟁 관계에 있는 기업들이 있는 대만을 중심으로 불거지고 있다. 2020년 9월께 대만의 IT 전문 매체 〈디지타임즈〉가 업계 소식통을 인용해 '삼성전자 5나노미터 문제에 직면'이란 제목의 기사를 보도했다. 이 매체는 삼성전자가 5나노미터 공정 수율 향상에 어려움을 겪고 있고, 연말까지 5나노미터 공정 제품을 양산하기 어려울 것으로 보인다고 밝혔다. 또한 삼성전자 파운드리 사업부가 수주한 퀄컴의 최신 5나노미터 모바일 칩은 2021년까지 출시되지 않거나 이전과 마찬가지로 TSMC에서 생산될 수도 있다고 언급했다. 익명의 소식통을 인용해 삼성전자 파운드리 사업부를 깎아내린 것이다.

이 매체는 또한 전월(2020년 8월)엔 "삼성전자가 TSMC와 기술 경쟁에서 이기기 위해 4나노미터 공정을 건너뛰고 곧바로 3나노미터 공정으로 직행한다"라고 보도하기도 했다. TSMC와의 경쟁에서 뒤처지기 때문에 삼성전자가 조바심을 느끼고 있다는 뉘앙스였다.

삼성전자는 게시문을 통해 "5나노미터, 4나노미터 공정이 지연되고 있다는 보도는 정확하지 않고 사실에 근거하지 않았다"라고 밝혔다. 삼성전자 파운드리 사업부는 공식 블로그를 통해 "삼성 5나노미터 EUV 공정은 2020년 2분기에 양산을 시작했고 고객 기반 확대를 통해 2020년 하반기에 양산을 늘릴 계획"이라며 "5나노미터 공정의 수율은 계획대로 개선되고 있다"라고 밝혔다. 4나노미터 기술과 관련해서도 "4나노미터 1세대 프로세스 개발이 진행 중이고, 다양한 고급 애플리케이션을 지원하는 동시에 2세대 4나노미터 공정 기술 개발을 가속화하고 있다"며 "2세대 4나노미터 공정의 PPA(Power Performance Area) 개선으로 고급 공정 기술을 제공함으로써 리더십을 더욱 확대할 것"이라고 설명했다. 한마디로 파운드리 기술력에 아무 문제가 없으니 걱정할 것이 없다는 얘기다. 삼성전자의 설명대로 〈디지타임즈〉의 보도는 대부분 거짓으로 밝혀졌다.

그래도 흠집 내기는 계속되고 있다. 2021년 들어선 엔비디아 GPU가 들어가는 콘솔 게임 플레이스테이션5와 엑스박스의 공급 부족 원인이 삼성전자 수율 때문이란 외신 보도가 나왔다. 이때도 〈디지타임즈〉는 "파운드리 공정의 수율 문제가 불거지고 있다"라며 삼성전자를 공격했다. 2021년 하반기 들어선 퀄컴 스냅드래곤888이 부족해 일부 스마트폰 업체의 제품 출시가 지연되고 있다는 얘기가 대두됐다.

삼성전자는 수율이 낮다는 지적에 대해 사실이 아니라고 계속 주장한다. 하지만 반도체 업계에선 수율 관련 소문이 끊이지 않는다. 이에 따라 삼성전자가 확실한 파운드리 기술력을 과시해 논란을 종식해야 한다는 얘기가 나온다. 결국 대형 팹리스 물량의 수주를 확대하며 점유율을 높이고 첨단 공정 경쟁에서 TSMC를 확실하게 앞서나가는 수밖에 없다는 뜻이다.

ASML의 EUV 노광장비를 잡아라

이재용 부회장도 18개월을 기다려야 하는 장비

○

2020년 10월 방진복을 입은 이재용 삼성전자 부회장이 쪼그려 앉아 한 장비를 집중해서 살펴보는 모습이 화제가 됐다. 네덜란드 반도체 장비 업체 ASML 본사에서 EUV 장비를 살펴보고 있는 사진이다.

EUV 장비는 반도체 생산 공정 중 하나인 노광 공정[18]에 필요하다. 회로를 새길 때 빛을 이용하는데, 파장(13.5나노미터)이 기존 장비(193나노미터)의 14분의 1 수준인 극자외선을 쓴다. 빛의 파장이 짧으면 웨이퍼에 미세하게 반도체 회로를 그릴 수 있다. 굵은 붓보다 얇은 붓으로 더 정교한 그림을 그릴 수 있는 것과 비슷한 이치다.

---

18 사진을 찍듯 반도체 원판인 웨이퍼에 회로를 새기는 작업.

EUV 장비를 살펴보는 이재용 삼성전자 부회장(오른쪽에서 세 번째)

자료: 삼성전자

그런데 지금 삼성전자나 SK하이닉스, 대만 TSMC 등이 ASML에 EUV 장비를 주문하면 받는 데까지 18개월이 걸린다. 1대당 1,500억 원이나 되는 초고가 장비인데도 주문이 밀려 있다. 최근 반도체 업체들 간에 전력 효율이 좋고 작은 반도체를 만드는 경쟁이 붙었는데, 이를 위해선 EUV 장비가 필수적이기 때문이다.

당시 이 부회장이 유럽 출장길에 오른 주요 목적 중 하나도 EUV 장비를 원활하게 공급받기 위해서였다. 현재 세계 1위 파운드리 업체 TSMC는 50대, 삼성전자는 10대 안팎의 EUV 장비를 보유 중인 것으로 추정된다. 삼성전자가 파운드리뿐만 아니라 D램 생산에도 EUV를 활용하기 시작하면서 필요성은 더 커졌다. 사내에 EUV 전담팀을 꾸렸을 정도다.

하지만 사고 싶어도 못 산다. ASML이 1년에 생산할 수 있는 EUV 장비 대수가 2021년 기준으로 40~50대 수준이기 때문이다.

지금 출고되는 장비들은 반도체 업체들이 1년 반 전쯤에 주문해놓은 것들일 가능성이 크다. 반도체 업계에선 2021년 출고된 EUV 장비 대부분이 TSMC로 갔다는 얘기도 나온다. 무슨 이유인지는 알 수 없지만, 삼성전자가 2020년에 장비 주문을 많이 넣지 않았을 것이란 분석이 나오는 이유다. 코로나19가 맹위를 떨치는 와중임에도 이 부회장이 직접 네덜란드 ASML 본사에 간 이유를 미뤄 짐작할 수 있는 대목이다.

주문하고 받는 데까지 왜 이렇게 오래 걸릴까? ASML에 따르면 EUV 장비 1대를 만드는 데 20주가 걸린다고 한다. 일단 장비 규모가 크다. EUV 장비 1대의 무게는 180톤, 높이는 아파트 2층 정도다. 장비 안에 연결된 약 3,000개의 선을 이으면 길이만 2킬로미터를 넘는다고 한다. EUV 장비를 네덜란드에서 한국에 들여오려면 항공기 3대가 떠야 한다는 말이 있을 정도다.

단순히 부속품만 많은 게 아니다. 나노미터 수준의 초미세 공정이 진행되기 때문에 세계 최고 수준의 반도체 기술력이 집약돼 있다. 극자외선으로 웨이퍼에 회로를 그릴 때 요구되는 정밀성은 지구에서 빛을 쏴서 달에 있는 동전을 맞추는 수준이라는 말도 있다.

EUV 장비 안에서 극자외선을 쏴서 웨이퍼에 회로를 그리는 핵심적인 역할을 하는 공간은 진공상태라고 한다. 내부 기압은 대기의 10만 분의 1 수준이고, 0.005℃ 단위로 온도를 제어하는 기술도 들어가 있다. ASML이 이 같은 EUV 장비를 개발하고 상용화하는 데 20년 이상이 걸렸다. 상용화에 성공한 ASML이라고 해도 뚝딱 만들 수 있는 수준이 아닌 것이다. 이 때문에 ASML은 반도체 업계에서 '슈퍼 을'로 통한다. 장비를 납품하는 업체지만 반도체 생산 업체들이 눈치를 볼 수밖에 없다는 얘기다.

ASML이 의지할 수밖에 없는 부품 업체가 여러 곳 있는데, 그중 대표적인 곳이 카메라 렌즈로 유명한 독일 광학 업체 칼자이스다.

파장 193나노미터 수준의 빛을 쓰는 기존 노광장비는 렌즈를 이용해 빛을 투영하는 방법을 썼지만, EUV 장비는 파장 13.5나노미터의 극자외선을 활용한다. 극자외선은 파장이 짧은 대신 단점이 있다. 공기에만 닿아도 빛이 흡수되는 것이다. 그래서 내부를 진공상태로 만들고, 빛을 흡수하는 렌즈 대신 특수 제작된 반사거울을 여러 개 이용해 빛을 반사시키는 방법으로 웨이퍼에 회로를 새긴다. 이 반사거울을 만들 수 있는 유일한 업체가 칼자이스다.

이 거울을 만드는 데에도 오랜 시간이 걸린다고 한다. 일각에선 칼자이스가 수작업으로 거울을 만든다는 소문이 나돌 정도다(반도체 업계에선 반사거울을 만들 때 진짜 수작업을 하진 않지만 수작업에 버금가는 정도의 정교한 공정이 필요하다고 한다).

'슈퍼 병' 칼자이스는 ASML과 오랜 협력 관계를 이어오고 있다. ASML이 2016년 칼자이스의 반도체 사업부문인 칼자이스SMT의 지분 24.9%를 10억 유로에 산 것이 대표적인 사례다. 삼성전자가 ASML 지분 1.5%를 들고 있는 것과 유사하게 ASML도 장기적인 협력 관계를 위해 칼자이스에 지분투자를 한 것이다. ASML은 지분투자와 별개로 반사거울의 성능 개선을 위해 약 1조 원을 연구개발에 투자한 것으로 알려졌다.

EUV 장비 구매를 위해 18개월을 기다려야 하는 상황은 언제까지 계속될까? ASML은 2020년 3분기 콘퍼런스콜에서 "내년엔 EUV 장비를 40~50대 정도 제작할 수 있다"라고 발표했다.

앞으로 EUV 장비 연간 제작 대수는 계속 증가할 전망이다. ASML과 EUV 장비 부품 업체들의 기술력이 함께 향상되고 있기 때문이다. 반도체 업계 관계자는 "ASML의 제작 기간은 몇 년 전엔 지금보다 더 길었다"며 "시간이 갈수록 제작 시간을 단축시켜 2022년부터는 50대 이상 만들 수 있게 될 것"이라고 설명했다.

파운드리 1위 추격 위해선 EUV 장비가 필수

○

삼성전자는 왜 이렇게 EUV 장비를 도입하는 데 목숨을 걸까? 삼성 반도체 사업의 경영 전략을 살펴봐야 한다. 가장 큰 힌트는 삼성전자가 2019년 4월 발표한 '반도체 비전 2030'과 2021년 5월 업그레이드된 버전에 담겨 있다. 2030년까지 171조 원을 파운드리에 투자함으로써 '2030년 파운드리 세계 1위' 비전을 조기에 달성하는 것이 삼성전자의 목표다. 그러려면 작고 효율적인 반도체를 만들어야 하고, 이를 위해선 EUV 장비가 필수적이다. 결국 EUV에 사활을 걸 수밖에 없는 상황인 것이다.

선폭을 줄이기 위해서도 EUV는 필수다. 흔히 공정을 설명할 때 붙는 5나노미터, 4나노미터 등은 회로 선폭을 말한다. 흔히 '반도체 회로의 폭'이라고 설명하는데, 반도체 회로에서 전류의 흐름을 조절하는 '문' 역할을 하는 게이트의 간격이다. 게이트의 폭을 줄일수록 전자의 이동 거리가 줄고 동작 속도가 빨라지기 때문에 반도체 업체들은 회로 선폭을 미세화하는 경쟁을 벌이고 있다.

회로 선폭을 미세화하면 한 장의 웨이퍼에서 더 많은 제품을 생산할 수 있다. 미세화 경쟁에 유리한 장비가 ASML이 독점 생산하는 EUV 노광장비다. 광원 파장이 13.5나노미터로 기존 장비인 ArF 장비의 14분의 1 수준이다. 16절지에 크레파스로 반도체를 그릴 때보다 샤프나 색연필로 더 많은 반도체를 그릴 수 있는 것과 비슷한 이치다.

파운드리 업체에 주문을 넣은 팹리스 입장에서도 이익이다. 앞서 언급했듯이, 반도체가 작아지면 소비전력이 줄고 반도체를 제외한 나머지 공간에 더 많은 기능을 넣을 수 있기 때문이다. 삼성전자 관계자는 "5나노미터 공정은 7나노미터 공정보다 로직면적(크기)은 25% 감소하지만 전력 효율은 20%, 성능은 10% 향상될 것으로 기대된다"라고 설명했다.

열세 극복을 위한 EUV 장비 확보전

○

물만큼 반도체 산업에서 중요성이 커지고 있는 게 EUV 노광장비다. 글로벌 반도체 전쟁의 '게임 체인저'로 불린다. 삼성전자는 몇 대를 확보하고 있을까?

〈한국경제신문〉 보도에 따르면, 2021년 상반기 현재 삼성전자가 25대, TSMC가 45~50대다. 초소형·저전력·고성능 칩을 효율적으로 제조할 수 있는 EUV 장비 보유 대수는 곧 해당 기업의 반도체 기술과 자금력, 생산능력을 판단하는 핵심 지표로 통한다. 삼성전자가 확보한 EUV 장비가 TSMC의 절반 수준이란 건, 냉정하게 얘기해서 삼성전자의 파운드리 역량도 TSMC의 50% 수준이라고 볼 수 있다. 장비 보유 대수의 격차는 시장점유율의 차이로 고착화할 가능성이 크다. EUV 장비가 충분하지 않으면 최신 칩을 제조해달라는 고객사의 주문을 받을 수 없기 때문이다.

삼성전자는 현재 파운드리 점유율 20%의 벽에 막혀 있다. 트

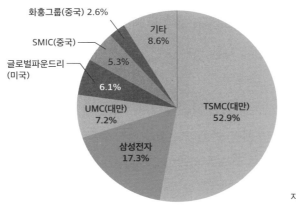

2021년 2분기 파운드리 시장 점유율

화훙그룹(중국) 2.6%
SMIC(중국) 5.3%
글로벌파운드리 (미국) 6.1%
UMC(대만) 7.2%
삼성전자 17.3%
기타 8.6%
TSMC(대만) 52.9%

자료: 트렌드포스

렌드포스에 따르면 2021년 2분기 시장 점유율 전망치는 TSMC 52.9%, 삼성전자 17.3%다. 삼성전자는 파운드리 시장에서 점유율 20%를 넘은 적이 한 번도 없다.

게다가 삼성전자 파운드리 사업은 태생적인 약점을 안고 있다. 스마트폰용 AP 등의 설계·판매를 담당하는 시스템LSI 사업부가 한 지붕 아래 있다는 점이다. 그러니 퀄컴, 엔비디아 등 파운드리 고객사는 정보 유출 등에 대한 걱정 때문에 경쟁사인 삼성전자 대신 파운드리를 전문으로 하는 TSMC를 선호할 수밖에 없다.

파운드리 사업을 떼어내 분사하기도 쉽지 않다. 메모리반도체 사업에서 벌어들인 돈을 파운드리에 투자하는 게 불가능해지기 때문이다. 결국 경쟁사를 압도하는 기술력으로 고객을 끌어와야 하는데, 이를 구현하려면 EUV 장비가 필수다. 이종호 서울대 반도체공동연구소 소장은 "EUV 장비는 가격도 비싸지만 공급이 제한적"이라며 "이 부회장의 ASML 방문은 삼성이 파운드리 사업에 강한 의지가 있음을 보여준 것"이라고 설명했다.

TSMC는 삼성전자의 추격을 뿌리치기 위해 매년 삼성의 3배에 달하는 설비투자를 단행하고 있다. 2021년엔 역대 최대 규모인 280억 달러를 쏟아부어 대만 타이난 등에 3나노미터 생산라인을 건설할 계획이다.

삼성전자는 열세를 극복하기 위해 차세대 기술 개발에 나서고 있다. 2022년 본격 양산에 나서는 3나노미터 이하 공정에선 세계 최초로 칩의 전력 효율성을 크게 높인 GAA 기술을 도입할 계획이다. EUV 장비 확보에도 주력하고자 2021년에는 20대 이상의 장비를 추가 주문한 것으로 알려졌다. AI, 자율주행차 확산으로 초미세 공정에서 생산하는 반도체의 수요가 급증하는 데 대응하기 위해서다. 삼성전자에서 시스템반도체를 총괄했던 한 전직 사장은 "파운드리를 기반으로 팹리스, 패키징 등 전후방 생태계를 서둘러 구축해야 TSMC를 따라잡을 수 있다"라고 말했다.

EUV를 활용한 삼성의 D램 초격차 전략

○

삼성전자의 차세대 전략에서 눈에 띄는 부분은 EUV 노광장비를 적용한 D램을 생산하겠다는 것이다. 삼성전자는 업계 최초로 2020년 3월 D램에 EUV 공정을 적용해 양산 체제를 갖췄다. EUV 공정을 적용해 생산한 1세대(1x) 10나노미터 DDR4(Double Data Rate 4) D램 모듈 100만 개 이상을 공급해 글로벌 고객의 평가를 완료했다.

삼성전자는 "메모리 업계 최초로 차세대 D램 제품부터 EUV

공정을 전면 적용해 반도체 미세 공정의 한계를 돌파할 채비를 갖추고 D램의 새로운 패러다임을 제시했다"라고 자평했다. EUV 노광 기술을 적용하면 회로를 새기는 작업을 반복하는 멀티 패터닝(Multi-Patterning) 공정을 줄이면서 패터닝 정확도를 높일 수 있어 성능과 수율을 향상시키고 제품 개발 기간을 단축할 수 있다.

삼성전자는 2021년 하반기 EUV 공정으로 14나노미터 D램 양산에 나설 계획이다. 향후 차세대 제품의 품질과 수율도 기존 공정 제품 이상으로 향상시킬 예정이다. 생산성도 크게 향상된다. 삼성전자에 따르면, EUV를 이용해 만든 14나노미터 D램은 16나노미터 D램보다도 12인치 웨이퍼당 생산성을 2배 향상시킬 수 있다. 세계 1위 D램 사업의 경쟁력을 더욱 강화할 수 있는 것이다.

EUV 도입에 대한 삼성전자 메모리 사업부 임직원의 자부심도 대단하다. 이정배 삼성전자 메모리 사업부장(사장)은 첫 양산 당시인 2020년 "업계 최초로 EUV 공정을 D램 양산에 적용해 글로벌 고객들에게 더욱 차별화된 솔루션을 한발 앞서 제공할 수 있게 됐다"며 "2021년에도 혁신적인 메모리 기술로 차세대 제품을 선행 개발해 글로벌 IT 시장이 지속적으로 성장하는 데 기여할 것"이라고 말했다.

삼성전자는 향후 D램 초격차를 위해 EUV를 활용한 첨단 제품 양산에 속도를 낼 계획이다. 메모리와 시스템반도체의 장점을 합친 'HBM-PIM', D램의 용량 한계를 극복할 수 있는 'CXL D램' 등 미래 메모리 솔루션이 대표적인 사례. 김기남 부회장은 "한국이 선두를 지켜온 메모리 분야에서도 추격이 거세다"며 "수성에 힘쓰기보다 경쟁자가 따라올 수 없도록 초격차를 만들기 위해 선제적 투자에 앞장서겠다"라고 강조했다.

이런 추세는 후발 업체에서도 나타난다. SK하이닉스도 앞으로 5년간(2021~2025) 4조 8,000억 원을 투자해 EUV 노광장비약 20대를 들여온다. 주력 제품인 D램 양산에 EUV 장비를 투입해 반도체의 성능과 공정 수율을 향상시킬 계획이다. 이런 계획은 SK하이닉스가 2021년 2월 "향후 5년간 4조 7,549억 원을 투자해 EUV 노광장비를 매입하는 계약을 ASML과 체결했다"라고 공시하면서 수면 위로 떠올랐다. 대금은 장비가 들어올 때마다 지급한다. 정확한 주문 대수는 공개되지 않았는데 대당 1,500억~2,000억 원 수준인 EUV 장비 가격, 설치비 등을 고려할 때 20대 안팎으로 추정된다.

D램 제조 공정에서도 EUV 장비는 반도체 원판인 웨이퍼에 회로를 새길 때 활용될 전망이다. 회로를 새기는 광원의 파장이 기존 장비와 비교해 14분의 1 수준으로 얇아서 그만큼 회로를 세밀하게 그릴 수 있다. 회로를 새기는 작업을 반복하는 멀티패터닝 공정이 줄어드는 것도 장점이다. 반도체 성능과 수율을

끌어올리고 제품 개발 기간을 단축할 수 있다는 평가가 나온다. SK하이닉스는 경기 이천 M16 공장에서 2021년 하반기부터 4세대 10나노미터 D램 양산에 EUV 장비를 활용한다.

미국 마이크론은 10나노미터 6세대 D램(1c D램)에서부터 EUV 노광장비를 활용할 계획이다. 세계 5위권 D램 업체인 대만의 난야도 2021년 4월 EUV 장비 도입 전략을 공개했다. 난야는 2021년 4월, 대만 북부 신베이 난린과학단지에 3,000억 대만 달러(약 12조 원)를 투자해 12인치 웨이퍼 기반 반도체 공장을 설립한다고 발표했다. 2021년 말 착공에 들어가고 총 7년간 3단계로 나눠 투자를 집행한다. 2024년부터 10나노미터대 최신 D램을 생산하는 게 목표다.

트렌드포스에 따르면 난야의 시장 점유율은 2020년 4분기 기준 2.9%로 세계 4위다. 삼성전자(42.1%), SK하이닉스(29.5%) 등과는 격차가 상당하다. 난야가 대규모 투자를 결정한 것은 삼성전자, SK하이닉스가 시장을 독식하기 힘들 만큼 시장이 빠르게 커지고 있어서다. 세계 D램 시장 규모는 2020년 653억 달러에서 2022년 1,044억 달러로 늘어날 전망이다. 난야는 EUV 노광장비를 도입해 1, 2위 기업과의 기술 격차를 줄일 계획이다.

태동하는 EUV 생태계

○

EUV 노광장비가 최첨단 반도체 제조의 필수로 떠오르면서 관련 생태계도 빠르게 형성되고 있다. 한국 기업 중 EUV 노광장비 활용도가 가장 높은 삼성전자는 수백억 원을 들여 관련 소재·장비·부품 기업의 지분을 5% 정도씩 사들이고 있다. 2017년 11월 포토레지스트(감광액) 전문 업체 동진쎄미켐 주식 4.8%를 480억 원에 사들인 게 대표적인 사례다. 돈은 얼마든지 투자할 테니 양질의 소재, 부품을 조달해달라는 의미다. 삼성전자 경영진은 직접 만드는 것보다 각 제품에 경쟁력 있는 협력사를 활용하는 게 효율적이라고 판단했다. 포토레지스트는 반도체 공정 중 회로 모양을 빛으로 반복해서 찍어내는 노광 공정에서 반드시 필요한 소재다. 공정 전에 포토레지스트를 웨이퍼 위에 골고루 도포해야 회로 모양을 새길 수 있다.

한국에서 가장 활발하게 개발이 진행 중인 부품은 포토마스크와 이의 원재료인 블랭크마스크다. 포토마스크는 카메라로 치면 필름 같은 역할을 하는 부품이다. 쿼츠 위에 금속막과 감광막을 발라 만든 블랭크마스크에 반도체 회로 패턴을 그린 것이다. 포토마스크를 통과한 빛이 반도체 원판인 웨이퍼에 회로를 새기는 구조다.

메모리반도체보다 시스템반도체를 제조하는 공정에서 포토

마스크 사용량이 많다. D램, 낸드플래시 등 종류가 비교적 한정적인 메모리반도체와 달리 다품종을 생산하는 구조라서다. EUV용 블랭크마스크 및 포토마스크를 제조할 땐 고도의 기술력이 요구된다. EUV는 모든 물질에 쉽게 흡수되는 성질을 가졌기 때문에 광원 흡수를 막고 반사력을 극대화할 필요가 있다.

EUV용 블랭크마스크는 현재 일본 업체 호야와 아사히가 세계 시장을 장악하고 있다. 두 회사는 20년 이상 EUV용 블랭크마스크 개발에 주력해왔다. 한국에선 삼성전자가 2020년 8월 659억 원을 투자한 에스앤에스텍이 EUV용 블랭크마스크를 개발 중이다.

더불어 포토마스크를 오염 물질로부터 보호하는 '펠리클'도 최근 주목받고 있는 EUV 장비 관련 부품이다. 현재 일본 미쓰이화학이 ASML로부터 공정 기술 라이선스를 받아 EUV 전용 펠리클을 개발 중이다. 펠리클 신규 공장을 2020년 2분기에 완공했고 2021년 하반기부터 양산한다. 벨기에의 IMEC은 탄소나노튜브(CNT)를 이용한 다공성 펠리클을 개발 중이다. TSMC도 자체 EUV용 펠리클을 연구하고 있다. 있다. 한국에선 에프에스티가 전자부품연구원과 함께 3나노미터 EUV용 펠리클 개발 관련 국책 과제를 맡았다.

펠리클 가격은 1개에 2,000만~3,000만 원 정도로 예상된다. ArF 공정용 펠리클보다 3배 이상 비싸다. 펠리클의 흡수도를 아무리 낮추더라도 EUV는 펠리클 박막에 흡수될 수밖에 없다. 흡수된 에너지가 대부분 열에너지로 변환되므로 펠리클 박막의 온도가 급격히 상승한다. 노광 공정 때 600~1,200℃까지 가열됐다가 실온까지 냉각되는 충격이 반복되는 것이다. EUV 공정에서 펠리클 박막의 변형과 파괴를 방지하는 기술이 ArF 공정보다 고난도로 평가된다. 그래서 당연하게도 가격이 비싸다.

SK증권에 따르면 5나노미터 파운드리 공정에서 EUV 레이어는 12~15개 정도 사용된다. 펠리클은 포토마스크당 2개, 웨이퍼 투입량 기준 1만 개를 기점으로 교체가 필요할 것으로 예상된다. 2021년 삼성전자의 5나노미터 공정의 월 웨이퍼 투입량이 2만 5,000장이고 3나노미터 공정의 투입량이 3,000장이라고 가정할 때, EUV 펠리클 필요량은 840개로 추정된다. EUV용 펠리클 가격을 약 3,000만 원으로 가정하면 2021년 국내 펠리클 시장 규모는 250억 원 안팎이 될 것으로 보인다. 삼성전자가 EUV 장비 투자액을 지속적으로 늘리고 있기 때문에 2022년 펠리클 시장은 700억 원 규모까지 성장할 것으로 전망된다.

4장

옛 영광 되찾으려는
일본 반도체

패권 전쟁의 서막, 일본의 수출 규제

팔 한쪽 내주고 한국 반도체의 숨통을 쥐려 했던 일본

○

미국의 대중국 반도체 수출 규제에 대해 한국 반도체 업계에선 2019년 '반도체 한·일전'의 데자뷔란 평가가 나온다. 미국과 일본이 상대적 우위에 있는 반도체 기술력을 등에 지고 중국과 한국에 '막가파식' 수출 규제를 했다는 점 때문이다. 이 과정에서 국제 무역 규범은 깡그리 무시됐다.

2019년 한국과 일본의 반도체 갈등 때 미국은 우방국 간 다툼이란 이유를 들며 뒷짐만 진 채 아무런 액션을 취하지 않았다. 사실상 통상·무역 관련 규범을 무시하고 한국 반도체 산업의 급소를 찌른 일본의 손을 들어준 것이다. 그리고 1년 뒤 미국은 일본의 대한국 수출 규제와 비슷한 대중국 수출 규제를 실행에 옮겼다.

일본의 수출 규제 진행 과정을 살펴보면 놀랍게도 미국·중국 간 갈등과 닮았다. 시작은 정치적인 이유였다. 2018년 10월부터 한국 대법원은 과거 징용 피해자들이 배치됐던 일본제철(구 신일철주금)과 미쓰비시중공업을 상대로 징용공에 위자료를 지급하라는 판결을 잇달아 내렸다. 일본 정부는 강하게 반발했다. 당시 고노 다로 일본 외무상은 "국제법 위반 상황이 계속되는 것"이라며 "일본으로선 받아들일 수 없다"라고 여러 차례 말했다. 1965년 한·일청구권협정으로 강제징용 피해 배상 문제가 모두 해결됐다는 기존 주장을 되풀이한 것이다.

한국 정부는 2019년 6월 20일 "한·일 양국 기업이 자발적 출연금으로 재원을 조성해 확정판결 피해자들에게 위자료 해당액을 지급하는 것이 바람직하다는 의견이 제기된 바 있다"며 "일본 측이 이런 방안을 수용하면 한·일청구권협정 제3조 1항 협의 절차의 수용을 검토할 용의가 있다"라고 입장을 밝혔다. 일본은 이때도 한국의 제안을 단칼에 거절했다.

6월 25일 청와대는 한·일 정상회담이 무산됐다고 발표했다. 문재인 대통령은 한 달 전 취임 2주년 특별 대담에서 6월 28~29일 일본 오사카에서 열리는 G20 정상회의에서 아베 신조 일본 총리와의 정상회담을 희망한다고 말했다. 문 대통령의 공개 제안인 만큼 성사에 대한 기대가 컸는데 일본 정부는 한국 정부의 제안을 거들떠보지도 않았다. 당시 일본 언론은 아베 총리의 일정이 꽉 찼다는 이유를 정상회담 무산의 배경으로 거론했지만, 국내에선 결국 대법원의 강제징용 배상 판결 등 역사 문제가 원인이라는 평가가 나왔다.

사실 일본의 경제 보복 가능성에 대한 경고등은 그 이전부터 켜져 있었다. 징용 배상을 놓고 한·일 정부 간 극한 갈등이 이어지자, 산업계에선 2018년 말부터 일본의 경제 보복 가능성이 풍문처럼 거론됐다. 일본 재계 인사들과 인맥이 두터운 한 경제단체 고위 관계자는 "2018년부터 일본 경제단체 관계자들이 '일본 정부 내 기류가 심상치 않기 때문에 경제 보복 가능성도 고려해야 한다'고 얘기했다"며 "비공식 채널 등을 통해 우리 정부에도 전달했지만 별 반응이 없었다"라고 말했다. 재계에서도 '설마 일본이 극단적인 선택을 할까'란 분위기가 지배적이었다.

소문이 돈 지 6개월 만에 일본의 포문이 열렸다. 일본의 한국에 대한 수출 규제는 2019년 6월 말부터 급박하게 진행됐다. 일본 정부는 빈틈없이 움직였다. 소문처럼 일본 정부는 수년 전부터 규제를 준비해온 것 같았다.

시작은 극우 성향 〈산케이신문〉의 특종 보도였다. 2019년 6월 30일 〈산케이신문〉은 일본 정부가 7월 4일부터 TV·스마트폰의 OLED 디스플레이 부품인 플루오린 폴리이미드, 반도체 제조 과정에 들어가는 포토레지스트와 고순도 불화수소(에칭가스) 등 3개 품목의 한국 수출을 규제할 것이라는 특종을 보도했다. 이 매체는 일본 정부의 이번 조치가 징용 배상 소송과 관련된 사실상의 '보복'이며, 일본 정부가 7월 1일 공식 발표할 것이라고 했다.

플루오린 폴리이미드와 포토레지스트는 일본이 세계 전체 생산량의 90%, 고순도 불화수소는 약 70%를 차지한다. 한국을 비롯한 글로벌 기업 대부분이 일본에서 수입하고 있다.

〈산케이신문〉은 일본 정부가 첨단 재료 등의 수출 허가 신청을 면제해주는 화이트리스트(백색 국가 목록)에서 한국을 제외하기로 했다고 보도했다. 이에 따라 일본 업체들은 그해 8월 1일부터 해당 품목을 한국에 수출할 때 건별로 당국의 허가를 받아야 한다고 설명했다. 그러면서 이 규제가 강화되면 삼성전자, LG전자 등 한국 대표 기업들이 영향을 받을 것으로 예상했다. 국내 업계도 일본 정부의 보복이 가해지면 반도체, 스마트폰 생산 등에 상당한 차질이 빚어질 것으로 봤다.

한국 정부는 당황했다. 불과 며칠 전까지 한·일 정상회담 가능성을 타진하며 넋을 놓고 있다가 허를 찔린 것이다. 당시 외교부 당국자는 "일본 정부로부터 수출 제한 조치를 취한다는 방침을 통보받은 바 없다"며 "보도의 진위를 확인 중"이라고 말했다.

〈산케이신문〉 보도 이후 기업들은 초긴장 모드에 돌입했다. 당시 삼성전자 등 수출 규제에 영향을 받게 될 기업들은 긴급회의를 열어 대책을 논의했다. 기업들은 "언론 보도가 사실이냐", "아무런 사전 경고 없이 민간 기업 간 거래를 규제할 수 있느냐"며 당혹스럽다는 반응을 보였다. 외교부, 산업통상자원부 등 정부 부처들에 문의했지만 제대로 된 답변을 듣지 못해 전전긍긍했다. 한마디로 '대혼란'이었다. 일각에선 세계 시장에 미치는 후폭풍 등을 고려할 때 일본 정부가 '협박성 카드'를 흘린 게 아니냐는 분석도 내놨다. 결과적으로 상황을 오판한 것이다.

〈산케이신문〉의 보도는 하루 만에 사실로 확인됐다. 일본 정부는 다음 날인 7월 1일 "반도체, 디스플레이 일부 소재의 한국 수출 규제를 강화하겠다"라고 발표했다. 〈산케이신문〉의 보도대로 일본 정부는 이날 포토레지스트, 고순도 불화수소, 플루오린 폴리이미드 등에 대한 수출 규제를 강화하기로 했다. 포토레지스트는 웨이퍼 위에 회로를 인쇄하는 노광 공정에 사용된다. 고순도 불화수소는 반도체 회로의 패턴을 형성하는 식각 및 세정 공정에 쓰인다. 반도체는 초미세 공정에서 진행되기 때문에 99.9999% 이상의 고순도 불화수소가 필수적이다. 플루오린 폴리이미드는 불소 처리를 통해 열 안정성과 강도 등의 특성을 강화한 폴리이미드(PI) 필름이다. 스마트폰과 TV용 LCD, 휴대전화용 인쇄회로기판(PCB)을 생산할 때 광범위하게 쓰인다.

일본 정부가 이들 3개 소재를 '콕' 집어 수출 규제를 강화하려는 이유는 한국 기업의 의존도가 높기 때문이다. 한국무역협회에 따르면 국내 기업이 2018년 수입한 포토레지스트 중 일본산 비중은 93.2%에 달한다. 플루오린 폴리이미드의 일본산 비

일본이 수출을 규제한 3개 품목의 대일 의존도 현황(금액 및 비중)

(단위: 만 달러, %)

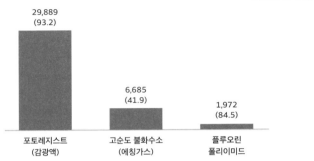

자료: 한국무혁협회

중은 84.5%, 고순도 불화수소 비중은 41.9%다.

　일본의 수출 규제에 따른 충격은 메가톤급이었다. 일본산 포토레지스트와 고순도 불화수소를 수입하지 못하면 D 램, 낸드 플래시, 모바일 AP 등 국내 주요 반도체 제품 생산이 큰 지장을 받기 때문이다. 플루오린 폴리이미드 수입이 막히면 LCD와 OLED 패널 생산이 차질을 빚는다. 반도체와 디스플레이는 2018년 수출 물량이 1,267억 달러와 249억 달러에 달해 각각 수출 1, 4위에 오른 제품이다.

　한국 기업들이 2018년 일본에서 수입한 반도체·디스플레이 소재 물량은 포토레지스트 2억 9,889만 달러, 고순도 불화수소 6,685만 달러, 플루오린 폴리이미드 1,972만 달러 등 총

3억 8,546만 달러어치다. 일본 정부로선 자국 기업들이 최대 4,500억 원의 손실을 보게 하면서 176조 원에 달하는 한국 기업들의 수출 시장을 뒤흔들 카드를 손에 쥔 셈이었다. 전문가들은 "선거를 앞둔 일본 정부의 협박성 카드에 일희일비하기보다는 장기적으로 장비와 소재의 국산화 비율을 높일 방안을 추진해야 한다"고 입을 모았다.

화이트리스트에서 제외되는 데 대한 걱정도 컸다. 일본이 한국을 안보상 우방국인 '백색 국가' 목록에서 제외할 경우 1,100여 개에 달하는 일본산 첨단 소재 및 부품의 수출 규제가 크게 강화된다는 조사 결과도 나왔다. 반도체와 디스플레이뿐 아니라 자동차, 정밀기계, 화학 등 국내 주요 산업들에서 공장을 가동하는 데 차질이 빚어질 수 있다는 우려가 커졌다.

일본 경제산업성은 2019년 8월 1일부터 수출무역관리령을 고쳐 일본이 지정한 27개 백색 국가에서 한국을 뺀다는 방침을 세웠다. 국제신용평가회사인 무디스는 이날 일본의 수출 규제가 삼성전자와 SK하이닉스 등 한국 기업의 신용도에 부정적인 영향을 줄 우려가 있다고 경고했다. 정부 관계자는 "일본이 한국을 백색 국가 목록에서 제외하면 일본 기업들은 1,100개가 넘는 전략 물자를 수출할 때마다 건건이 일본 정부의 허가를 받아야 한다"며 "정부와 기업이 공동으로 해법을 찾고 있지만 마땅한 대책이 없다"라고 말했다.

국내 반도체 및 디스플레이 업계는 2018년 10월 한국 대법원의 일제 강제징용 배상 판결 이후 일본의 경제 보복 가능성을 염두에 두고 대비책을 검토해왔다. 반도체 업계 고위 관계자는 "독성으로 인한 위험, 변질 가능성 등으로 석 달 치 이상 재고를 보유하기가 쉽지 않다"며 "개별 기업으로선 뾰족한 해법이 없다"라고 말했다. 사태가 장기화할 경우 삼성전자, SK하이닉스 등 주요 기업들도 피해를 막을 수 없다는 얘기다.

소재 확보 위해 직접 뛴 재벌 총수들

○

기업들은 바쁘게 움직였다. 일본의 수출 규제에 따른 피해를 최소화하기 위해 몸부림쳤고, 그룹 총수들이 직접 뛰었다. 직접적인 사정권에 든 삼성전자에서는 이재용 부회장이 적극적으로 나섰다. 이 부회장은 7월 7일 일본행 비행기를 탔다. 현지 경제인들을 만나 수출 규제에 대한 해법을 모색하기 위해서다. 수출규제가 장기화되고 부정적인 영향이 예상보다 심각할지 모른다는 판단에 따른 것이다.

이 부회장은 출장에 앞서 김기남 삼성전자 DS(반도체 부품) 부문 대표(부회장) 등 반도체 사업 경영진과 여러 차례 대책회의를 열고 일본 출장을 계획했다. 출장 3일 전 방한한 손정의 일본 소프트뱅크 회장과 만난 자리에서도 상당 시간 수출 규제 문제에 대해 의견을 나눴다. 일본 정부의 반도체·디스플레이 핵심 소재 수출 규제와 관련 업체들에 대한 정보가 있는 금융권 고위 인사들도 만나 사태 해법을 논의하고 조언을 들었다. 이 부회장은 경제계의 대표적인 일본통이다. 일본에서 경영학 석사 학위를 받았으며, 그동안 일본 네트워크를 탄탄하게 다져왔다는 평가를 받는다.

이 부회장의 출장을 놓고 산업계에선 "상황이 예상보다 심각하다"라는 말이 나왔다. 일본 정부의 수출 규제에 따른 부정적인 영향이 예상보다 커질 수 있다는 판단이었다. 삼성전자는 〈산케이신문〉 보도 당일 DS 부문 구매팀을 일본에 급파해 수출 규제 발효 전까지 소재 물량을 최대한 구하려 했지만 추가 확보한 물량이 1주일 치에 그친 것으로 알려졌다.

특히 일본 수입 의존율이 90% 이상인 포토레지스트는 이 부회장이 공들이고 있는 파운드리 사업과 밀접한 연관이 있었다. 파운드리 기술력의 척도로 꼽히는 EUV 노광 공정의 핵심 소재이기 때문이다. 재계 관계자는 "포토레지스트 공급이 원활하지 않으면 삼성전자 파운드리 사업부가 고객을 유지·확보하는 데 어려움을 겪을 수 있다"며 "세계 1위 TSMC를 맹렬히 추격하는 상황에서 예상치 못한 장애물이 생기자 이 부회장이 직접 나선 것 같다"라고 말했다.

출장길에 오른 이 부회장은 일거수일투족이 화제가 됐다. 일본 민영방송 TV아사히는 이 부회장의 출장 나흘째인 7월 10일 "이 부회장이 일본 대형 은행 인사 등과 만난 자리에서 '한·일 관계가 더 나빠질까 봐 걱정'이라는 생각을 전했다"라고 보도했다. TV아사히는 자리를 함께한 관계자의 말을 인용해 이 부회장이 반도체 소재의 수출 규제 문제보다 다음 달 광복절을 앞두고 한국에서 일본 제품 불매 운동과 반일 집회 등이 퍼져 한·일 관계가 더 악화할 수 있다는 점을 우려하고 있다고 전했다. 이 부회장의 발언에 대해 경제계에선 일본 정부의 수출 규제가 장기화할 경우 한국 내 대일 여론 악화와 불매 운동 등으로 일본 기업도 타격을 입는 악순환에 빠져들 수 있다는 점을 경고한 것이란 해석이 나왔다.

이 부회장이 귀국한 이후 삼성은 발 빠르게 움직였다. 삼성전자가 스마트폰, 가전 관련 협력사에 일본산 소재·부품 전 품목에 대해 90일 치 이상의 재고를 비축해달라고 요청한 게 대표적인 사례다. 재고 확보와 향후 처리 관련 비용은 모두 삼성전자가 부담하는 조건이었다. 삼성이 일본의 수출 규제 확대 가능성에 무게를 두고 비상계획을 본격적으로 가동했다는 분석이 나왔다.

삼성전자는 구매팀장 명의로 발송한 공문에서 "최근 일본 정부가 한국으로 수출되는 반도체 소재에 대한 규제를 강화했고,

추가적으로 화이트리스트에서 한국을 제외하는 것을 검토하고 있다"며 "한국이 백색 국가에서 제외되면 수출 품목에서 개별허가 대상이 확대될 가능성이 상당하다"라고 설명했다. 경제계에선 삼성전자가 협력사에 재고 확보에 드는 비용과 남는 재고까지 모두 떠안겠다고 한 것은 그만큼 일본의 수출 규제 파장이 상당해 비상 대응이 필요하다는 판단에 따른 것이라고 해석했다.

수출 규제가 남긴 것

○

숨 가쁘게 몰아치던 일본의 규제는 2021년 들어 한풀 꺾였다. 원인은 두 가지다. 우선 일본 기업들의 실적이 급감한 영향이 컸다. 스텔라케미파·모리타화학 등 고순도 불화수소 생산 업체, JSR·도쿄오카공업·신에츠화학 등 포토레지스트 생산 업체, 스미토모화학 등 플루오린 폴리이미드 생산 업체들이 일본 정부에 수출 규제의 부당함을 호소했다. 한국 납품량이 감소하면서 실적이 곤두박질쳤기 때문이다.

실적 타격은 심각했다. 스텔라케미파는 회계연도 기준 2019년 4월~2020년 3월 영업이익이 24억 700만 엔으로 전년 대비 31.7% 감소했다. 당기순이익(19억 엔)은 전년 대비 약 18% 적어졌다. 스텔라케미파 매출의 95% 이상을 책임졌던 삼성전자와 SK하이닉스에 고순도 불화수소를 원활히 공급할 수 없게 됐기 때문이다. EUV 공정용 포토레지스트 제조 업체인 JSR의 2019년 4월~2020년 3월 영업이익도 32억 8,840만 엔으로 전년(45억 2,610만 엔) 대비 27.3% 감소했다. 플루오린 폴리이미드 제조 업체인 스미토모화학은 같은 기간 1,830억 엔에서 1,375억 엔으로 실적이 24.9% 감소했다.

일본 언론도 '수출 규제'를 자국 소재 기업들의 실적 하락 원인으로 지적했다. 〈니혼게이자이신문〉은 "일본 정부의 수출 규제 이후 한국 기업들이 대체 가능한 공정 도입을 서두르고 있다"며 "탈일본으로 일본 소재·부품 업체들의 타격이 계속 이어지고 있다"라고 보도했다.

실제 삼성전자와 SK하이닉스는 핵심 소재 공급망을 다변화하기 위해 1년여 동안 백방으로 움직였다. 성과도 나오고 있다. 솔브레인, 램테크놀러지, 이엔에프테크놀로지 같은 국내 기업들은 액체 불화수소를 직접 생산해 국내 반도체·디스플레이 기업들에 공급하고 있다. 일부 물량의 국산화에 성공한 것이다. '에칭가스'로 불리는 기체 불화수소와 관련해서도 국산화가 진행 중이다. SK머티리얼즈는 99.999% 5N급 고순도 불화수소 제품 양산에 성공했다. 미국 특수가스 업체에도 오퍼가 들어갔다.

EUV 포토레지스트는 수입처를 다변화했다. 글로벌 화학 기업인 미국 듀폰이 대표적이다. 듀폰은 생산 공장이 있는 충남 천안에 2,800만 달러를 투자해 EUV용 생산라인을 세우기로 했다. 플루오린 폴리이미드는 코오롱인더스트리와 SKC 등이 국산화에 성공했다. 문재인 대통령이 코오롱인더스트리 공장을 방문해 "아주 자랑스럽다"라고 말하기도 했다.

정부와 기업이 협력하여 국산화에 속도를 내고 있다. 2021년 상반기 기준 대일본 100대 수출 품목은 수입처를 EU와 미국 등으로 다변화하는 한편, 품목별로 평균적인 재고 수준을 기존 대비 2배 이상으로 확충했다. 효성이 탄소섬유 생산설비를 증설했고, SKC는 블랭크마스크 공장을 신설했다. SK실트론은 듀폰의 실리콘 웨이퍼 사업부를 인수했고, KCC는 실리콘 소재 기업 MPM을 인수했다.

소재, 부품, 장비 관련 수요·공급 기업 간 협력도 확대됐다. 수요 기업으로부터 기술 개발 지원을 받은 25개 품목 중 23개 품목의 시제품이 개발됐고 434건의 특허가 출원됐다. 2021년부터 ArF 포토레지스트를 비롯해 기술 개발 중인 제품이 차례차례 양산에 돌입할 예정이다. 정부는 2021년 공급망 핵심 품목과 차세대 기술 연구개발에 2조 2,000억 원을 투자한다.

일본의 수출 규제 시행 2년째인 2021년 1~4월 기준으로 소재·부품 분야에서 대일 의존도가 역대 최저치로 낮아졌다. 산업통상자원부 '소재부품 종합정보망'에 따르면 2021년 1~4월 한국의 소재·부품 누적 수입액 647억 9,500만 달러 중 일본산 비중은 96억 9,600만 달러로 15.0%를 차지했다. 2020년 1~4월 일본 제품 비중인 16.1%보다 1.1%p 낮아진 것이다. 관련 통계가 작성되기 시작한 2001년 이후 역대 최저치다.

일본 소재·부품 수입 비중은 2003년 28.0%로 최고점을 찍은 뒤 차츰 낮아져 2014년 18.2%를 기록했다. 이후 17%대에 머물다가 2019년 15.9%로 떨어졌다. 대만에서 수입하는 비중은 2020년 1~4월 8.3%에서 2021년 1~4월 9.3%로 올라갔다. 중국에서 수입하는 비중도 같은 기간 29.1%에서 30.1%로 높아졌다. 일본의 수출 규제 이후 관련 기술 국산화 지원과 투자, 공급망 다변화의 영향으로 평가된다.

일본 정부는 자국 기업들의 실적 급감 소식에 2020년 말부터 일부 품목에 대한 수출 허가 조치를 시작했다. 예컨대 EUV 포토레지스트는 2020년 12월 기존의 '개별허가'에서 '특정포괄허가'로 변경하는 등 수출 절차를 간소화했다. 스텔라케미파와 모리타화학은 한국 업체에 불화수소 수출을 재개했다.

일본 기업들 스스로도 정부의 수출 규제를 회피하기 위해 한국에 생산기지를 건설하는 등 대안을 모색하고 있다. 도쿄오카공업은 인천 송도에 있는 기존 공장에 수십억 엔을 추가로 투자해 포토레지스트 생산능력을 2018년에 비해 2배로 늘렸다.

한국 투자 늘리는 일본 기업

기업	주력 제품	투자 내용
도쿄오카공업	감광제	수십억 엔 투자해 생산능력 2배로 증대
다이킨공업	반도체 제조용 가스	한국 기업과 합작회사 설립 40억 엔 투자해 공장 신설
쇼와덴코 머티리얼즈	웨이퍼 연마제· 배선기판 재료	200억 엔 투자해 한국과 대만에 공장 증설

자료: 한경DB

도쿄거래소 1부 상장사인 도쿄오카공업은 세계 최대 포토레지스트(감광제) 생산 업체로, 세계 시장 점유율이 25%에 달한다. 이 회사는 2012년 8월 인천에 TOK첨단재료라는 법인을 설립해 한국에 진출했다. 삼성물산이 TOK첨단재료의 지분 10%를 갖고 있다. 2013년 송도에 1,560억 원을 투자해 연면적 1만 9,920제곱미터 규모의 공장을 지었다. 2020년 매출은 1,724억 원, 영업이익은 270억 원을 기록했다. 2020년 도쿄오카공업의 전체 매출은 1,176억 엔(약 1조 2,000억 원), 영업이익은 161억 엔(약 1,660억 원)이었다. 한국은 도쿄오카공업 매출의 14%, 영업이익의 16%를 차지하는 중요한 시장이다. 새로 증설한 설비는 최첨단 반도체 기술인 EUV용 포토레지스트도 생산할 수 있는 것으로 알려졌다.

다이킨공업은 한국의 반도체 제조장치 업체인 C&G하이테크와 합작회사를 설립하고 충남 당진에 3만 4,000제곱미터 규모의 반도체 제조용 가스 공장을 신설할 계획이다. 공장 건설에는 앞으로 5년간 40억 엔이 투입되며, 2022년 10월부터 반도체 제조에 사용되는 고순도 불화수소를 생산할 예정이다. 다이킨 공업은 한국 반도체 제조용 가스 시장의 28%를 점유하고 있다. 그럼에도 그간 한국에는 생산 공장이 없어 고순도 불화수소를 전량 일본과 중국 공장에서 수입해왔다. 도쿄오카공업과 다이킨공업 모두 삼성전자와 SK하이닉스 등 한국 반도체 대기업에 소재를 공급하고 있다.

쇼와덴코머티리얼즈(구 히타치카세이)도 2023년까지 200억 엔을 들여 한국과 대만에서 실리콘 웨이퍼 연마제와 배선기판 재료 생산설비를 증설하기로 했다. 2021년 10월 경기 안산에 새 공장을 지어 생산능력을 30% 끌어올릴 계획이다. 이 회사는 SK머티리얼즈와 합작법인인 SK쇼와덴코를 세워 한국에 진출했다.

일본은행의 국제수지통계에 따르면 일본 화학 기업의 한국 직접투자 규모는 매년 증가하고 있다. 〈니혼게이자이신문〉은 이런 흐름을 주도하는 것이 반도체 관련 소재 기업의 투자라고 전했다.

업계에선 일본 반도체 기업들이 잇따라 한국에 생산 공장을 늘리는 이유가 일본 정부의 수출 규제 때문이라고 보고 있다.

일본에서 생산한 제품을 한국에 수출하는 기존 방식을 고수해서는 사업을 원활하게 유지하기 어렵다는 게 일본 기업들의 인식이다. 예컨대 불화수소를 한국에 수출하는 스텔라케미파는 2년째 관련 상품 매출이 30% 가까이 감소했다. 그런데 한국의 공장에서 반도체 소재를 생산하면 일본 정부의 규제를 받지 않아도 되기 때문에 일본 기업들이 현지 생산으로 전략을 바꾸게 됐다는 설명이다.

수출 규제 이후 한국 정부가 일본 의존도를 낮추기 위해 연구개발비를 보조하는 한편, 일부 지역에선 세제 우대 조치를 하는 것도 일본 기업이 한국으로 몰리는 배경으로 꼽힌다. 일본의 한 반도체 기업 관계자는 "미·중 갈등과 한·일 관계 악화 등으로 갑작스럽게 공급망이 끊길 위험성이 높아져 현지에서 소재를 생산할 필요성이 점점 커지고 있다"라고 말했다.

일본 기업들은 최근 대만 등 제3국에도 투자를 확대하고 있다. 한국과 중국의 추격에 대응하기 위해서다. 미쓰비시케미컬은 2020년 8월 5G 인터넷 서비스 수요 대응 등을 목적으로 2021년 대만에 신규 공장을 건설한다는 계획을 발표했다. 생산능력이 50% 증가할 전망이다. 반도체 웨이퍼 공정용 고성능의 특수화학 솔루션 제조능력을 확대해 TSMC 등에 납품량을 늘릴 계획이다. 쇼와덴코머티리얼즈는 대만에 반도체 기판 소재를 제조하는 신규 공장을 건설하고 2021년 5월부터 가동을 시작했다. 미쓰이화학은 대만에 반도체 제조 공정용 특수 수지테이프를 생산하는 신규 공장을 2020년 1월부터 가동하며 생산 능력을 1.5배 확대했다.

일본의 수출 규제는 어떤 영향을 끼쳤을까?

:

대한상공회의소는 2020년 7월 '일본 수출규제 1년 산업계 영향과 정책과제' 보고서를 냈다. 이에 따르면, 소재부품의 수입 비중은 일본의 수출 규제 시행 이전보다 소폭 상승한 것으로 나타났다. 2019년 분기별 소재부품의 대일 수입 비중은 15.7%(1분기) → 15.2%(2분기) → 16.3%(3분기) → 16.0%(4분기)로 7월 수출 규제 이후에 오히려 소폭 상승한 것으로 나타났다. 반면 전체 대일 수입 비중은 '9.8%(1분기) → 9.5%(2분기) → 9.5%(3분기) → 9.0%(4분기)'로 하향곡선을 그렸다. 규제 대상으로 삼은 소재부품보다 다른 산업에서 더 큰 영향을 받은 것이다.

일본으로부터의 수입이 줄면서 2019년 한국 총수입액(5,033억 달러)에서 대일 수입액(476억 달러)이 차지하는 비중은 9.5%를 기록했다. 수출입 통계가 집계된 1965년 이후 처음으로 대일 수입 비중이 한 자릿수로 떨어진 것으로 파악됐다.

대한상공회의소는 "2019년 일본 정부의 수출 규제 직후 민관이 긴밀한 협력을 통해 핵심 품목의 국산화, 수입 다변화 등 공급 안정화 노력을 했고, 일본도 규제 품목으로 삼은 제품의 수출 허가 절차를 진행하면서 당초 우려와는 달리 소재부품 공급에 큰 차질을 겪지 않았다"라고 평가했다. 소재부품 산업보다 여타 산업에서 일본 수입 비중이 줄어든 것과 관련해선 "일본과의 경제적 연결성이 추세적으로 느슨해지는 과정에서 수출 규제가 이를 가속화한 것으로 보인다"라고 평가했다. 실제로 대한상공회의소가 2020년 일본의 수출 규제 직후 실시한 조사에서 기업의 3분의 2가 '일본 기업과의 거래 관계에서 신뢰가 약화됐다'고 응답했다.

대일 의존도 하락 등의 영향으로 우리나라 기업들은 일본 수출 규제의 직접적인 영향에서 비껴간 것으로 조사됐다. 2020년 6월 15~30일 대한상공회의소와 KOTRA(대한무역투자진흥공사)가 공동으로 일본과 거래하는 기업 302개사(응답 기업 기준)를 대상으로 실시한 조사에서 응답 기업의 84%가 일본의 수출 규제에 따른 피해가 없었다고 답했다. '피해가 있었다'는 응답은 16%에 그쳤는데 구체적인 피해 내용으로는 '거래 시간 증가(57%)'가 가장 많았고, 이어서 '거래 규모 축소(32%)', '거래 단

절(9%)' 등의 순이었다.

일본의 수출 규제가 기업 경쟁력에 미친 영향에 대해서도 91%가 '큰 영향이 없었다'고 답했다. '영향이 있었다'라는 응답은 9%였다. 일본의 수출 규제 초기 팽배했던 우려와 달리 국내 산업계에 큰 피해가 없었던 것은 정부와 기업의 발 빠른 대응과 대일 수입 의존도 하락 등이 영향을 미친 것으로 풀이된다.

한편 정부의 대응 조치에 대해서는 응답자의 85%가 긍정적으로 평가했다. 정부 정책 중 가장 도움이 된 것으로 42%의 기업이 '연구개발 지원'을 꼽았고, '공급망 안정화(23%)', '규제 개선(18%)', '대·중·소 상생협력(13%)', '해외 M&A 및 기술도입 지원(3%)'이 뒤를 이었다. 수출 규제에 대응하기 위해서 개선돼야 할 정책으로는 '규제 개선(38%)', '연구개발 지원(22%)', '공급망 안정화(19%)', '대·중·소 상생협력(14%)', '해외 M&A 및 기술도입 지원(6%)' 순으로 답했다.

M&A는 소재, 부품, 장비 산업의 경쟁력을 빠르게 확보할 수 있는 카드로 주목받고 있다. 다만, 현재 시점에서 구체적인 M&A를 실행하고 있는 기업은 많지 않았다. 이번 조사에서 기업의 3%만이 '기업을 인수하거나 인수하려고 시도했다'고 답해 M&A 활성화를 위한 지원 정책 강화가 필요한 것으로 나타

났다. 대한상공회의소는 일본의 수출 규제로 인한 산업계 피해가 제한적이라는 점은 다행이지만, 강제징용 배상 판결과 관련해 한·일 갈등의 불씨가 상존하는 만큼 리스크 요인을 점검하고 대응책을 마련할 필요가 있다고 주문했다.

우리나라와 일본 간 교역 비중이 줄고 있지만, 일본은 여전히 우리나라의 중요한 경제적 파트너로서 민간 차원의 교류협력은 지속할 필요가 있다는 의견이 많았다. 수출 규제 직후 일본 기업의 한국 투자가 늘었고, 일본 내 연구소와 언론 등을 중심으로 한국과의 비즈니스 협력이 필요하다는 사실을 언급하고 있다는 점도 주목해야 한다는 게 대한상공회의소의 의견이다.

실제로 설문 조사에서 절반 정도의 기업은 일본과의 협력 관계를 최소한 현 수준으로 유지해야 한다는 의견을 내놨다. 세부적으론 '협력 강화'가 24.2%, '현 수준의 협력 유지'가 25.2%였고 '협력 약화' 25.8%, '다른 차원으로 협력'은 24.8%였다.

기술 내재화 등 소부장(소재·부품·장비) 대책이 실질적 성과 창출로 이어질 수 있도록 기존 정책을 점검하고 보완할 것도 주문했다. 구체적인 보완 과제로는 첫째 연구개발에 대한 정부 지원을 획기적으로 늘리는 것, 둘째 M&A 지원 정책을 강화하고 실증테스트 인프라를 확충하여 개발한 제품이 최종 수요로 이어지게 하는 것이 꼽혔다. 소부장 정책을 글로벌 밸류체인 (GVC) 재편과 연계해 대응할 필요성이 있다는 의견도 나왔다.

강석구 대한상공회의소 산업정책팀장은 "2019년 일본의 수출 규제는 우리 산업계의 약한 고리를 찌른 것인데 오히려 전화위복의 기회가 됐다"며 "지난 1년간을 되돌아볼 때 단기 성과도 있었지만, 앞으로는 좀더 넓은 시각에서 산업 전반의 생태계를 점검하고 경쟁력을 높이는 방향으로 정책의 내실을 다져나가야 할 것"이라고 말했다.

일본 메모리반도체 몰락의 원인

1980년대의 영화와 현재의 몰락

○

일본은 왜 2019년 7월 한국의 주력 산업인 반도체·디스플레이 기업을 타격했을까? 1차적인 원인은 징용공 배상과 관련한 정치적인 갈등이지만, 그들의 심연엔 삼성전자 등 한국 대기업에 대한 뿌리 깊은 질시와 두려움이 깔려 있다는 분석이 나온다.

특히 반도체 산업에서 그렇다. 지금은 일본 반도체 기업 중에 세계 시장에 명함을 내밀 만한 기업이 낸드플래시의 키옥시아, 차량용 반도체의 르네사스 정도에 불과하다. 1980년대까지만 해도 상황은 많이 달랐다. 그때는 일본 반도체 기업들이 세계 시장을 호령했다.

KOTRA에 따르면 일본의 반도체 산업은 1980년대에 정점을 찍은 뒤 1990년대부터 빠르게 추락했다. 1980년대 일본 반도체 산업 절정기의 견인차 역할을 한 것이 바로 D램이다. 산업용 대형 컴퓨터에 대량으로 사용됐다. 일본은 '25년 품질보증'이 가능한 고급 제품으로 세계 시장을 석권했다. 일본의 반도체 산업은 1988년 글로벌 반도체 산업 매출의 50%를 차지했다. 1990년 기준 반도체 기업 세계 10위권에 일본 기업은 NEC(점유율 7.9%), 도시바(7.7%), 히타치제작소(6.4%), 후지쓰(4.8%), 미쓰비시전기(3.9%), 마쓰시타전기산업(3.3%) 등이 포함됐다. 일본 국적이 아닌 기업 중엔 모토로라가 6.5%로 3위였고 인텔이 5.8%로 5위, 텍사스인스트루먼트와 필립스가 각각 4.7%, 3.6%로 순위권에 들었다.

1990년대 PC(개인용 컴퓨터) 보급이 폭발적으로 증가함에 따라 반도체의 중심이 CPU로 옮겨갔다. 이는 CPU의 절대강자 인텔이 글로벌 반도체 시장의 패권을 차지하는 계기가 됐다. 2000년대에 들어서면서 스마트폰용 반도체가 산업의 성장을 이끌었으나 일본 기업들은 변화에 대응하지 못했다. 특히 반도체 산업에서 설계부터 생산까지를 포괄하는 수직적 통합을 통한 사업 확장 정책을 펼치던 일본 기업들은 반도체의 발전에 따라 회로가 복잡해짐에 따라 핵심 분야에 투자를 집중하는 수평 분업이라는 시대적 흐름을 파악하지 못해 점차 쇠퇴해갔다.

일본의 반도체 산업은 1988년 글로벌 반도체 산업 매출의 50%를 차지하던 위치에서 2019년 기준 전 세계 매출 중 10%의 점유율을 보이는 상황으로 밀려났다. 1992년에는 반도체 기업 매출 10위권 중 5개가 일본 기업이었는데, 2019년에는 1개 기업만이 남아 있다. 이런 상황에 대해 일본에선 '반도체 산업의 추락'이란 평가가 나오고 있다.

반도체 생산은 대표적인 장치 산업이다. 매년 수조 원대 투자가 필요하다. 생산량이 많으면 고정비가 하락하는, 전형적인 '규모의 경제' 산업이다. 따라서 시장 점유율이 이익률에 직결된다. 일본 기업들은 점유율이 낮아지면서 이익률도 급감했다. 2011년 기준 도시바가 겨우 이익을 냈고, 나머지 반도체 기업들은 모두 적자를 기록했다. 결국 매각과 통합 등을 거쳐 현재 '주요 기업'이라고 말할 수 있는 일본 반도체 업체는 키옥시아와 르네사스뿐이다.

구체적인 산업별로 살펴보면 일본 반도체의 자랑이었던 D램은 일본의 유일한 생존 업체 엘피다가 2011년 2월에 파산하면서 파국을 맞았다. 엘피다는 미국 메모리 업체 마이크론의 품으로 넘어갔다. D램은 PC용 범용 제품의 단가가 3~4달러 정도다. 대규모 설비투자를 지속적으로 단행해 최첨단 제품을 낮은 비용으로 대량생산하고 시장 점유율을 올리는 것이 생존 전략이다. 일본 업계 관계자들은 정부의 지원 정책 부재, 인건비 등 높은 비용 문제 등을 일본 D램 쇠락의 원인으로 꼽는다.

D램과 함께 메모리반도체의 쌍두마차로 불리는 낸드플래시에선 D램보다 상황이 낫다. 낸드플래시는 메모리카드 등에 사

용되는 저장용 반도체다. 1984년 세계 최초로 낸드플래시를 개발한 도시바가 '키옥시아'로 사명을 바꾸고 세계 1위 삼성전자에 이어 2위에 올라 있다.

일본 반도체를 누른 삼성전자

:

일본 반도체 쇠락의 역사엔 삼성전자가 있었다. 삼성의 반도체 사업은 오너의 결단으로 시작됐다. 1974년 12월 한국반도체를 50만 달러에 인수하고 '삼성반도체'로 이름을 바꿔 달았다. 이건희 당시 삼성물산 부회장은 경영진의 반대에도 사재를 털어 인수할 정도로 적극적이었다. 이 회장은 자서전에서 "시대의 조류가 산업사회에서 정보사회로 넘어가는 조짐을 보이고 있었고, 그중 핵심인 반도체 사업이 우리 민족의 재주와 특성에 딱 들어맞는 업종이라고 생각했다"라고 밝혔다.

당시 반도체는 시계에 들어가는 단순한 기능의 칩을 만드는 수준이었다. 막 주목받기 시작한 메모리반도체 시장은 미국과 일본의 독무대였다. 대규모 투자와 기술력이 필요해 국내 기업은 선뜻 나서지 못했다. 삼성 역시 자체 기술이 없어 고전했다. 자본금 잠식 등 위기 상황을 맞으며 '미운 오리'로 낙인찍혔다.

하지만 삼성 오너 일가는 반도체를 포기하지 않았다. 1983년 3월 이병철 회장은 '도쿄 선언'을 통해 반도체 사업에 본격적으로 진출한다고 대내외에 알렸다. 삼성은 당시 '우리는 왜 반도체 사업을 해야 하는가'를 발표했다. 인텔은 이병철 회장을 망상가라며 비웃었고, 산업계에서도 3년 안에 실패할 것이라는 냉소가 뒤따랐다.

놀라운 일이 벌어지기 시작했다. 도쿄 선언 이후 삼성전자는 바로 64K D램 기술 개발에 착수했고, 6개월 만인 그해 12월 한국 최초로 64K D램 개발에 성공했다. 일본보다 4년 늦게 시작했지만 한국에서도 제품을 만들어낸 것이다. 미국·일본에 이어 세계에서 세 번째로 개발에 성공한 쾌거였다. '우리도 반도체를 만들 수 있다'는 자신감이 삼성전자에 팽배해졌다.

당시 반도체 선진국이었던 일본이 6년 만에 64K D램 개발에 성공한 것에 비하면 기네스북에 오를 만한 전무후무한 사건이란 평가가 나왔다. 고 이건희 회장은 당시 상황에 대해 "사업 초기는 기술 확보 싸움이었다. 일본 경험이 많은 내가 거의 매주 일본으로 가서 반도체 기술자들을 만나 그들로부터 조금이라도 도움 될 만한 것을 배우려 노력했다"라고 회고했다.

이후 삼성전자는 경기 기흥 지역을 공장부지로 확정하고 2~

2000년대 초반의 삼성전자 기흥 공장 전경

자료: 한경DB

3년이 소요되는 공사를 6개월 만에 끝냈다. 이른바 돌관공사[19]
다. 64K D램 시장의 호황이 끝나기 전에 시장에 진입해야 한다
는 일념이 삼성 임직원들을 이끌었다. 설계와 시공 등 모든 작
업을 동시에 추진하는 '동기화 전략'을 펼쳤다. 오너가 있는 삼
성이라서 가능했다는 평가가 나온다.

---

19 장비와 인력을 집중적으로 투입하여 단기간에 마무리하는 공사.

반도체 대전 2030

삼성전자는 1983년 이후 수년간 반도체 사업에서 수천억 원의 적자를 기록했다. 하지만 삼성은 흔들리지 않고 투자를 이어 갔다. 1986년, 삼성 기흥에 D램 2라인이 완공됐다. 이에 이건희 회장은 불황기였음에도 3라인 착공을 서두르라고 지시했다.

괄목상대할 만한 삼성의 변신에 경쟁사들은 긴장했다. 지금도 반도체 매출 10위 안에 드는 미국 텍사스인스트루먼트는 1986년 삼성이 특허를 침해했다며 소송을 제기했다. 그해 삼성전자는 영업이익의 80%가 넘는 8,500만 달러를 배상금으로 물어냈다. 그리고 이듬해인 1987년 이병철 회장이 타계하자 일부 참모가 이건희 회장에게 반도체를 포기할 것을 제안했다. 이건희 회장은 불같이 화를 냈다고 한다.

진대제 스카이레이크인베스트먼트 회장(전 삼성전자 사장, 전 정보통신부 장관)의 회고다.

"1987년 9월 25일 오전 8시께, 암 투병 중이던 삼성그룹 창업주 고 이병철 회장님이 불시에 경기 용인에 있는 삼성전자 반도체 기흥 공장을 방문했습니다. 당시 저를 포함해 이윤우 공장장(전 삼성전자 부회장) 등 3명이 호출을 받았습니다. 회장님의 손엔 '한국 반도체는 일본을 베낀 것'이라는 기사가 실린 신문이 들려 있었습니다. 당시는 일본이 256K D램을 개발하여 미국을 제치고 세계 최고 반도체 강국으로 군림하던 때였습니다. 한국은 일본을 따라잡기 위해 256K D램을 연구 중이었습니다. 신문 기사는 당시 '마이크로칩'이라고 불렸던 시스템반도체 관련 얘기였습니다. 당시는 일본 소니의 디스플레이 칩이 없으면 삼성전자가 컬러TV를 만들 수 없던 시기였습니다. 아날로그 칩(시스템반도체)은 정말 만들기 어려웠습니다. 나중엔 삼성이 아날로그 칩에 있는 일본 업체의 로고까지 베꼈다는 얘기조차 나올 정도였죠.

한동안 화를 내시던 회장님은 우리 앞에서 갑자기 차분하게 말씀하셨습니다. '영국이 증기기관을 만들어 400년간 세계를 제패했는데, 나도 그런 생각으로 반도체에 투자한 것이다. 앞으로 열심히 잘 해내라'라고 강조하셨습니다. 이 공장장과 저는 반드시 그렇게 하겠다고 답했죠. 회장님은 이틀 후 응급실에 실려 갔고 두 달 후 작고하셨습니다."

진 회장은 삼성전자가 1993년 메모리반도체 부문 세계 1위로 올라서기까지 이 회장과의 약속을 지켜야 한다는 생각 때문에 마음 편한 날이 없었다고 한다.

이병철 회장이 타계한 1987년도는 미국 정부가 일본 업체들을 견제하기 위해 D램에 보복관세를 매겼던 해다. 전 세계 메모리 업체들이 불황을 맞아 설비투자를 일제히 축소했다. 이 시기에 삼성전자의 이건희 회장은 오히려 신규 라인을 증설했다. 역전의 발판을 마련하기 위해서였다.

이건희 회장의 역발상 투자는 통했다. 당시 시황에 극적인 변화가 생겼다. 1986년 말 개당 1.5달러이던 256K D램 가격이 1988년 6달러까지 치솟았다. 삼성반도체를 합병한 삼성전자는 그동안 반도체에 투자한 돈보다 더 많은 돈을 그 한 해에 벌었다. D램 호황기를 맞으면서 3,000억 원 흑자로 돌아섰다. 사상 처음으로 흑자를 기록한 것이다.

승부사 근성은 계속 이어졌다. 1990년과 1991년 경기 침체기에도 투자를 지속했다. 1991년 4,500억 원, 1992년 8,000억 원을 반도체에 쏟아부었다. 1992년 도시바를 제치고 드디어 D램 세계 1위로 부상했다. 1998년 4메가 D램, 1992년 64메가 D램 개발에도 잇따라 성공하며 미국, 일본을 제치고 한국으로 헤게모니를 가져왔다.

오너의 결단이 사업에 큰 도움을 주기도 했다. 1988년 반도체 구조를 만들 때는 웨이퍼 밑으로 파는 '트렌치'가 주류였다. 삼성은 위로 쌓아 올리는 '스택'을 선택하고 기술 개발에 나섰다. 이건희 회장은 "어려울수록 단순하게 생각하자"라며 불량

1993년 삼성전자 8인치 반도체 공장 준공식

자료: 한경DB

을 분석하기 쉬운 스택 방식을 선택했다. 반도체 용량이 늘어나고 구조가 복잡해지면서 트렌치 방식으론 한계가 많아졌기 때문이다. 스택 방식은 연구개발에 시간이 오래 걸렸지만 이후 주류로 자리 잡았다.

일본 업체들은 과거부터 해온 트렌치를 고수했다. 삼성전자 관계자는 "트렌치에서 스택 방식으로 바꾸려면 대규모 장비 투자와 연구개발이 필요한데 일본 전문경영인들은 결단을 내리지 못했다"고 설명했다. 이후 일본 도시바는 시장에서 고전하기 시작했다. 당시 세계 반도체 시장 점유율 1위(51%)였던 일본 기업들은 내리막을 걸었다. 삼성으로선 이때가 전환점이었다고 평가한다.

1993년에도 이건희 회장의 결단이 있었다. 반도체 생산라인의 웨이퍼 크기를 6인치와 8인치 중 어느 것으로 할 것인가 하는 문제였다. 당시 일본은 6인치로 삼성을 앞서 있었다. 이 회장은 8인치를 선택했다. '월반'으로 일본을 제치는 역전의 리더십을 시도한 것이다. 이를 계기로 삼성은 일본에 늘 한 단계 앞서게 됐다.

소재 · 장비엔 숨은 강자 많은 일본

노하우와 경험에 집중한 재도약 전략

○

KOTRA의 '일본 반도체 분야 현황과 향후 발전 전략' 보고서[20]에 따르면, 일본은 반도체 공장 수 기준으로 세계 1위다. 하지만 노후화된 레거시 공장이 다수를 차지해 최첨단 반도체의 생산 능력을 보유하지 못하고 있다. 반도체 공정의 선폭도 40나노미터에 그친다.

2021년 현재 일본 기업들이 주력으로 삼고 있는 반도체 분야는 자동차용 시스템반도체, CMOS 이미지센서, 파워반도체(PMIC) 분야다. 일본 르네사스는 자동차 · 산업자동화 용도의 시스템반도체에 강점이 있다. 마이크로 컨트롤러 유닛(MCU) 세계 시장 점유율은 18% 수준이다. 소니는 CMOS 이미지센서

---

[20] 일본 오사카무역관 안재현(2021년 4월 26일).

시장의 50%, 그리고 파워반도체 분야에서 20%의 점유율을 기록 중이다. 일본이 현재 토요타 등 자동차 업계를 중심으로 미래차 분야에 집중하고 있어 차량용 반도체, 파워반도체 시장에서의 자국 수요는 꾸준할 것으로 전망된다.

특히 전기차 시장이 성장하면서 주요 발전 장비에 사용되던 파워반도체가 전기차와 하이브리드차(HEV)에 상당량 탑재되고 있다. 이에 일본 주요 파워반도체 기업들은 생산 확대에 나섰다. 일본 도시바와 후지전기가 2023년까지 각각 800억 엔, 1,200억 엔을 투자해 생산시설을 늘릴 계획이다.

반도체 생산 분야에선 경쟁력이 약해졌지만 반도체 장비와 소재 분야에선 무시할 수 없는 강자들이 있다. 반도체 공정이 미세화되면서 이를 생산하는 데 필요한 고순도 소재, 최첨단 장비에 대한 수요가 커지고 있다. 웨이퍼에 전자회로를 새기는 전공정 분야에선 도쿄일렉트론이 일본을 대표하는 기업이다. 포토레지스트를 도포해 전자회로를 형성하는 코터, 디벨로퍼 장비에서 90% 넘는 세계 시장 점유율을 갖고 있다. 2020년엔 생산능력을 3.5배 늘렸다. 110억 엔을 투자해서 야마나시현에 새로운 개발 시설을 건설할 계획이다. 가와이 도시키 도쿄일렉트론 대표이사는 "고객에게 제공한 장비의 원격 유지보수, AI를 활용한 기계학습을 통해 장비의 가동률을 높이는 서비스를 계획 중"이라고 말했다.

웨이퍼에서 불순물을 제거하는 세척 분야에서는 스크린홀딩스의 경쟁력이 높다. 웨이퍼에 회로 패턴을 전사하는 과정을 거친 원판인 포토마스크를 검사하는 장치를 주력으로 하는 레이저테크도 눈여겨볼 기업이다. 웨이퍼에서 만든 반도체를 전자기기에 탑재 가능한 상태로 만드는 후공정과 관련해서는 디스코가 유명하다. 웨이퍼를 잘라 칩으로 가공하는 다이싱(절단) 분야에서 세계 1위 업체다. 반도체 칩의 성능을 검사하는 테스터 분야에서는 아드반테스트가 세계 점유율을 양분하고 있다.

소재 분야의 일본 기업들은 한국에 친숙하다. 2019년 일본의 수출 규제 때문에 한국 언론에 자주 오르내렸기 때문이다. 실리콘 웨이퍼 분야에서는 신에츠화학, SUMCO가 세계 점유율 60%를 차지하고 있다. 포토레지스트 관련해선 JSR과 도쿄오카공업이 일본 대표선수다. 고순도 소재 생산을 위해선 노하우 등 경험과 기술력이 필요하기 때문에 후발주자들이 쉽게 따라잡기 어렵다. 한국 기업들이 시도하고 있는 EUV 공정용 소재 개발에도 일본 기업들은 앞서 있다. 미쓰이화학은 2019년 ASML과 라이선스 계약을 맺고 EUV 펠리클의 상용화를 시도하고 있다.

반도체 부흥 정책 추진하는 일본 정부

○

일본 정부는 2021년부터 반도체·디지털 인프라 등에 관한 산업 정책을 입안하는 '반도체·디지털 산업 전략 검토 회의'를 가동하고 있다. 목표는 일본 반도체 산업의 약점으로 꼽히는 첨단 반도체 개발 및 생산 관련 역량을 강화하는 것이다. 일본은 반도체 소재·부품·장비와 낸드플래시 생산과 관련해선 세계적인 경쟁력을 갖추고 있지만, 파운드리와 후공정 등 반도체 생산과 관련해선 약하다는 평가를 받아왔다.

이에 일본의 산업 정책을 담당하는 경제산업성이 반도체 육성 전략을 마련했다. 반도체 장비, 소재, 부품의 경쟁력을 계속 키워 해외 첨단 파운드리 업체와의 공동 개발을 추진하는 것이 목표다. 첨단 시스템반도체의 자국 생산을 늘리기 위해 파운드리의 일본 내 유치를 적극적으로 추진한다. 구체적 목표론 전공정에서 실리콘 반도체 대신 그래핀과 같은 새로운 소재를 통해 새로운 고밀도 집적회로를 개발하고, 후공정에서는 3D화 프로세스를 통해 반도체 성능을 높이는 3D 패키지를 개발하는 데 주력할 계획이다. 일본의 산업기술종합연구소(NEDO)는 2021년 3월 첨단 반도체 제조 기술 컨소시엄을 설립했다. 도쿄 일렉트론·스크린홀딩스·캐논 등 3개사가 참여해 공동으로 연구하고, 3차원 구조 시스템반도체 장비의 파일럿 라인을 정비할 계획이다.

　파워반도체 강화에도 힘쓸 예정이다. 디지털화 추진에 따른 데이터 처리량이 늘어남에 따라 이에 필요한 전력 소비량이 대폭 증가할 것으로 예상되기 때문이다. 또한 혁신 소재(SiC, GaN, Ga2O3) 도입도 추진할 계획이다.

　자국 반도체 산업의 포트폴리오 및 체질 강화에도 나선다. 낸드플래시, CMOS 이미지센서, 파워반도체, 자동차용 반도체 등 아직까지 시장에서 경쟁력을 갖고 있는 분야를 적극적으로 지원할 계획이다. 일본 정부는 해당 기업들에 대해 각종 금융·제도적 지원, 면세 혜택 등을 총동원해 사업 확대 및 재편, 첨단 기술 개발 등을 추진하고자 한다.

　일본 정부의 반도체 공급망 구축 관련 지원도 속도가 나고 있다. 〈니혼게이자이신문〉에 따르면, 일본 정부는 경제 안보와 직결된 분야의 첨단 기술 연구개발을 지원할 1,000억 엔 규모의 기금을 새로 만들 방침이다. 일본 경제산업성은 '포스트 5G용' 반도체 칩 개발을 위해 키옥시아와 소시오넥스트에 총 100억 엔을 직접 출자하기로 했다. 첨단 반도체 기술 확보와 공급망 관리를 위해 정부 주도 사업이 속속 진행되는 모습이다.

　자국 반도체 공급망을 강화하기 위해 국제 협력에도 나섰다. 반도체 생산에서 주요 역할을 담당하는 일본 반도체 소재 및 제조장치 기업들의 공급망을 파악해, 이에 속하는 미국·대만·유

일본의 반도체 분야 글로벌 협업 사례

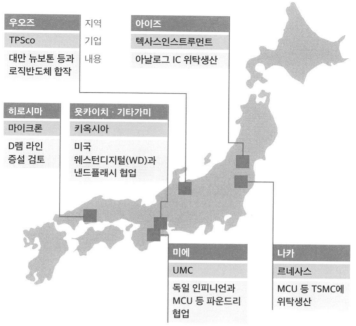

우오즈 | 지역
TPSco | 기업
대만 뉴보톤 등과 로직반도체 합작 | 내용

아이즈
텍사스인스트루먼트
아날로그 IC 위탁생산

히로시마
마이크론
D램 라인 증설 검토

욧카이치 · 기타가미
키옥시아
미국 웨스턴디지털(WD)과 낸드플래시 협업

미에
UMC
독일 인피니언과 MCU 등 파운드리 협업

나카
르네사스
MCU 등 TSMC에 위탁생산

자료: 한경DB

럽 등 주요 국가와의 협업을 실시하는 방안도 고민 중이다. 이와 관련해선 성과도 나오고 있다. 대만 TSMC를 유치한 게 대표적인 사례로 꼽히는데, 일본 정부는 TSMC와의 전방위적인 협업을 시도하고 있다. 2021년 5월 말 경제산업성은 "TSMC가 일본 이바라키현 쓰쿠바에 반도체 연구개발 거점을 조성한다"

라고 발표했다. 총사업비 370억 엔 중 190억 엔을 경제산업성이 TSMC에 보조금 형태로 지급한다.

TSMC는 2022부터 본격적인 연구개발에 들어갈 계획이다. 연구개발은 반도체를 전자기기에 탑재 가능한 상태로 가공하는 '패키징'에 초점이 맞춰질 전망이다. 최근 반도체 기업들은 선폭을 좁혀 저전력·초소형 반도체를 만드는 기술 개발에 주력하는 동시에 여러 기능을 가진 반도체를 조합해 최고의 성능을 뽑아내는 패키징 기술 향상에도 힘쓰고 있다. 히타치하이테크, 아사히카세이 등 일본 반도체 기업 20여 곳도 TSMC와 협업할 예정이다.

TSMC의 일본 진출은 '반도체 부흥'을 내건 일본 정부의 적극적인 러브콜 영향으로 분석된다. 향후 일본과 TSMC의 협업은 더욱 강화될 전망이다. 일본 정부가 소니를 앞세워 TSMC의 파운드리 공장 유치에 공을 들이고 있어서다. 소니는 전자기기에서 사람의 눈 역할을 하는 반도체인 이미지센서 세계 1위(2020년 기준 점유율 47.6%) 업체다. 생산 물량의 상당수를 TSMC에 맡긴다.

미국과의 협업도 강화하고 있다. 조 바이든 미국 대통령과 스가 요시히데 일본 총리는 2021년 4월 미국 워싱턴DC에서 열린 미·일 정상회담에서 반도체를 포함한 안정적인 공급망 구축에 협력하기로 했다. 미국 메모리반도체 기업 마이크론은 일본에 대한 투자 및 기술 협력을 공식화했다. 산제이 메로트라 마이크론 CEO는 〈니혼게이자이신문〉과의 인터뷰에서 "일본이 강점을 갖고 있는 반도체 장비·소재 분야와 협력해 5세대 D램 기술을 개발하겠다"라고 말했다. 마이크론은 최첨단 D램 기술 개발을 위해 2012년 인수한 일본 D램 업체 엘피다의 일본 내 시설에 대한 투자도 강화할 계획이다. 마이크론의 일본 투자는 최근 3년간 70억 달러에 이른다.

조미료 회사가 반도체 소재를 만든다고?

:

소니가 2020년 11월 출시한 게임기 플레이스테이션5(PS5, 블루레이 디스크 드라이브 포함 모델)의 공식 판매 가격은 62만 8,000원이다. 2021년 상반기 중고나라 등에선 78만~80만 원 선에 거래됐다. 공급이 부족해 신제품을 사고 싶어도 못 사기 때문인데, 그나마 2020년 12월(약 100만 원)보다 가격이 내려간 것이다. 같은 시기 출시된 마이크로소프트의 게임기 엑스박스(XBOX)의 상황도 비슷하다. X 모델 기준 출시가는 59만 8,000원인데 당시 80만 원대에 거래됐다.

PS5와 XBOX엔 공통점이 있다. 연산을 담당하는 반도체 CPU와 그래픽을 담당하는 반도체 GPU 모두 미국 AMD의 제품을 쓴다는 것이다. PS5와 XBOX 수량이 부족한 건 AMD의 CPU와 GPU 공급이 원활하지 않아서다. AMD는 반도체 설계만 전문으로 하는 팹리스다. 즉, 생산시설이 없다. 그래서 대만의 파운드리 업체 TSMC에 칩 생산을 맡긴다. TSMC엔 반도체 주문이 몰려 리드타임이 6개월 이상이다. 리사 수 AMD 대표는 인터뷰에서 "CPU와 GPU 공급 부족이 2021년 하반기까지 계속될 것"이라며 "신형 게임 콘솔에 가장 큰 영향을 줄 것"이라고 말했다

AMD의 CPU와 GPU가 부족한 원인이 TSMC의 생산능력 부족 때문만은 아니라는 분석이 나온다. 'ABF(Ajinomoto Build-up Film) 기판(substrate)' 부족 때문이라는 의견도 많다. ABF 기판은 간단하게 말하면 AMD의 CPU와 GPU를 PS5나 XBOX 같은 전자기기에 붙일 때 필요한 반도체 부품이다. 회로가 복잡한 반도체와 상대적으로 단순한 전자기기의 기판을 연결해 전자가 잘 흐를 수 있게 하는 역할을 한다.

ABF 기판은 반도체와 전자기기를 연결하는 여러 층의 미세회로로 구성된다. 발열과 회로 간 간섭이 발생할 수 있기 때문에 ABF라고 불리는 절연 소재가 중요한 역할을 한다. ABF는 온도 변화에 따른 팽창 및 수축에 저항하는 내구성이 높고 단단하기 때문에 나노미터 단위의 반도체와 밀리미터 단위의 메인 기판을 연결하는 재질로 사용하기에 이상적이라고 평가된다. 레이저 가공 및 직접 구리도금이 가능해 CPU나 GPU 같은 초

미세 반도체의 패키징에 사용된다. 초미세 공정에서 생산되는 CPU 및 GPU엔 ABF 기판이 필수적이라고 한다.

대만의 난야PCB와 유니마이크론 등이 전 세계 ABF 기판 시장을 주도하고 있고, 한국의 삼성전기와 대덕전자 등도 제품을 만드는 것으로 알려졌다. 문제는 난야PCB나 유니마이크론의 수율이 60% 수준에 불과하다는 것이다. 이 때문에 TSMC가 AMD의 CPU와 GPU를 생산해도 ABF 기판 공급이 충분하지 않기 때문에 PS5나 XBOX의 생산을 늘릴 수 없다는 분석이 나온다.

이 같은 분석은 반도체·디스플레이 업계를 주로 다루는 대만의 매체 〈디지타임즈〉에서 2020년 하반기부터 지속적으로 제기됐다. 2020년 12월 〈디지타임즈〉는 "ABF 기판 부족으로 2021년 새로운 CPU·GPU 칩 출하량이 줄어들 수 있다"며 "올해 난야PCB나 유니마이크론 같은 업체들의 증설 규모는 10% 수준에 그칠 것"이라고 분석했다. 이어 "현재 ABF 기판의 납기는 1년에 달한다"라고 덧붙였다. 지금 주문해도 ABF 기판을 받는 데까지 1년이 걸리고 수율도 60% 수준에 그치기 때문에 PS5나 XBOX에 장착될 수 있는 AMD의 CPU나 GPU가 2021년에도 계속 부족할 것이란 얘기다.

또 다른 문제점으론 ABF 기판의 핵심 소재인 ABF 공급마저 충분하지 않다는 것이다. 난야PCB, 유니마이크론 등이 ABF 기판의 원료인 ABF를 공급받는 데 어려움을 겪고 있다는 뜻이다. 일본 〈닛케이아시안리뷰〉는 미국의 유명 반도체 업체인 자일링스의 빅터 펭 CEO를 인터뷰한 기사에서 "자동차, 서버, 기지국 등에 사용되는 고급 칩을 패키징할 때 필수적인 ABF 같은 기판 재료가 부족하다"라고 보도했다.

흥미로운 점은 ABF 기판의 핵심 재료인 ABF를 일본의 조미료 회사가 만든다는 것이다. 업체 이름은 아지노모토(Ajinomoto)다. 아지노모토(味の素)는 '맛의 근원'이란 뜻이다. 이 회사의 홈페이지에 따르면, 1909년 이케다 기쿠나에 박사가 '아지노모토'라는 이름의 MSG를 개발했다고 한다. 다시마 국물과 두부를 먹다가 '뭔가 새로운 맛을 찾아야겠다'라는 고민에서 제품 개발을 시작했다는 얘기가 있다.

대표적인 제품은 우마미, 혼다시 등이다. 한국의 대표 조미료인 미원도 대상그룹 창업주인 고 임대홍 회장이 1950년대에 직접 일본에 가서 아지노모토의 생산 기술을 배우고 발전시켜 만든 제품이다.

아지노모토가 정식 기업 형태로 발전한 건 1925년부터다. 현재 자본금 799억 엔, 직원 수는 계열사 포함 3만 2,509명이다. 2020회계연도 1~3분기(2020년 4~12월) 누적 매출은 7,949억 엔으로 전년 대비 999억 엔 감소했고 영업이익도 1,685억 엔에서 1,674억 엔으로 소폭 줄었다.

MSG 회사인 아지노모토가 전자 재료에 대한 연구개발을 시작한 건 1970년대부터다. 조미료를 만드는 화학 기업으로서의 장점을 활용하기 위해서였다. 1970년대에 에폭시 수지에 아미노산 화학반응을 적용하는 기본 연구를 시작했다. 1990년대부터는 고성능 PC, 노트북 시장이 급성장하면서 고급 CPU 기판의 필요성이 커졌다. 복잡한 기판에 전기 절연성을 제공하는 새로운 물질에 대한 수요도 본격적으로 발생했다. 아지노모토는 절연 재료가 잉크 형태의 액체에서 필름으로 이동할 것으로 봤다. 반도체가 복잡해지고 미세화하면서 회로 간 간섭 문제를 해결해야 하기 때문이다.

필름은 강하면서도 부드럽고 가벼우면서 절연 성능이 뛰어나야 했다. 1998년 가을, 수차례 실패를 반복한 끝에 회사 이름 '아지노모토'를 딴 ABF 필름을 개발해냈다. 회사 관계자들은 "2000년대는 고성능 컴퓨팅의 시대가 될 것이고 절연성이 뛰어나면서 가벼운 ABF가 필수 소재가 될 것"이라고 반도체 회사들을 설득했다고 한다.

다음은 ABF에 대한 아지노모토의 설명이다.

"현대 사회는 이른바 정보사회입니다. 컴퓨터, 휴대전화, 평면 TV와 같은 전자장비는 오늘날 우리 생활에서 필수적인 제품입니다. 아지노모토는 이런 장비에 사용되는 전자 재료를 제공합니다. 반도체의 기술적 진보는 전자장비를 더 작고 정밀하게 만드는 데 도움이 됐습니다. 고밀도 인쇄 회로기판을 제조할 때 이런 반도체를 장착하려면 고성능 절연 재료가 필수적입니다. 세계 최초로 개발한 인쇄 회로기판용 절연막 ABF는 반도체 발전에 기여한 획기적인 제품으로 높이 평가되고 있습니다. 전 세계의 개인용 컴퓨터에 적용되며 사실상의 표준으로 자리매김했습니다."

ABF 시장은 계속 커지고 있다. 2000년 ABF 매출을 100이라고 했을 때 2019년 매출은 8배가 증가한 800 수준이란 게 아지노모토 측의 설명이다. PC용과 서버, 스마트폰 등 기타 제품용의 비중은 2013년 6:4에서 2019년 4:6으로 역전됐다. 아지노모토는 "2017년부터 2022년까지 ABF 매출의 연평균 증가율은 7.2%를 기록할 것"이라고 전망했다.

아지노모토는 ABF 실적을 따로 떼어내 공개하진 않는다.

하지만 ABF가 포함된 '헬스케어 및 기타 제품'의 영업이익은 2019회계연도 1~3분기(4~12월) 123억 엔에서 2020회계연도 1~3분기 184억 엔으로 49.3% 늘었다. 일본 산업계에선 ABF 사업의 한 해 영업이익이 2,000억 원을 훌쩍 넘을 것이란 전망이 나온다.

〈닛케이아시안리뷰〉는 공급망 관계자의 말을 인용해 "AI 칩과 5G 통신용 칩을 제조할 때 ABF는 필수적"이라며 "자동차 칩에 대한 수요가 반등하면 ABF의 공급량은 더 부족해질 수밖에 없다"라고 보도했다. 또 "ABF 공급 업체(아지노모토)는 이미 생산시설을 확장하고 있지만 여전히 수요를 따라갈 수 없다"라고 덧붙였다. 대만 〈디지타임즈〉의 분석도 크게 다르지 않다. 이 매체는 "ABF는 '부르는 게 값'인 상황이 됐다"며 "AMD가 TSMC로부터 충분한 생산시설을 확보해도 ABF 기판이 있어야 패키징이 가능할 것"이라고 설명했다.

5장

반도체 전쟁의 미래

임박한 세대교체

반도체 제국 인텔은 다시 일어날까?

○

앞서 언급했듯이 글로벌 반도체 시장에서 종합 반도체 기업의 영향력은 점점 약해지고 있다. 인텔이 대표적인 사례다. 인텔은 2020년 7월 "7나노미터 공정으로 CPU를 양산하는 일정을 6개월 늦춘다"라고 발표했다. 고성능 반도체를 값싸게 제조할 수 있는 7나노미터 미세 공정 도입을 반년이나 미루자, 업계에선 인텔이 자사 제품 중심으로 시장이 돌아간다는 관성에 젖어 기술 투자를 소홀히 한 측면이 컸다고 지적했다. 인텔은 2017년께부터 수익성을 중시하면서 TSMC, 삼성전자가 주력한 회로 선폭 미세화에 투자를 게을리했다. 인텔은 현재 10나노미터 공정이 주력이다.

반면 인텔의 경쟁자인 AMD는 2020년 1월께부터 파운드리 업체 TSMC에 주문을 넣어 7나노미터 공정에서 제품을 생산하고 있다. 과거의 명성에 기댄 인텔이 2019년 CPU 시장의 84.5%를 차지하긴 했지만, AMD와의 격차는 좁혀질 것이란 평가가 나온다. 2021년 6월 21일 〈디지타임즈〉의 보도에 따르면, 인텔의 노트북용 CPU 세계 시장 점유율이 2022년 말 10%p 하락하며 80% 밑으로 떨어질 것으로 예상됐다. 인텔 칩을 사용하던 애플이 맥북과 아이패드 등에 들어가는 CPU를 자체적으로 제작하면서 인텔에 주문의 50%를 줄인 영향이 크다. 2020년 말, 애플은 인텔 기반의 맥북을 자사가 생산한 M1 칩 기반으로 2022년 말까지 모두 전환할 것이라고 발표했다. ARM의 코어를 기반으로 설계된 M1은 전력 소모를 줄이면서도 고성능을 구현할 수 있어 긍정적인 반응을 받았다.

반도체 업계에서는 인텔에 대한 회의론이 적지 않다. 간판 제품인 PC용 CPU 시장에서 AMD에 점유율을 잠식당하고 있는 상황에서 신규 사업으로 꼽히는 데이터센터용 CPU에선 엔비디아의 도전이 만만치 않다. 인텔에 대한 우려는 시가총액이 대변한다. 2021년 상반기 기준 반도체 기업 시가총액 순위상 인텔은 TSMC, 삼성전자, 엔비디아보다 낮은 4위다.

재진출을 선언하고 200억 달러 투자를 단행하기로 한 파운드리 사업에서도 인텔이 TSMC, 삼성전자와의 기술력 차이를 극복하기 어려울 것이란 분석이 우세하다. '갑'의 위치에서 CPU 개발 및 양산 스케줄을 자유자재로 컨트롤했던 인텔의 기존 사업과 달리 파운드리는 철저하게 고객 베이스로 운영되기 때문이다. 국내 반도체 업계의 한 CEO는 "인텔이 파운드리 사업에서 고전할 가능성이 크다"며 "체질을 완전히 바꿔야 하는데 쉽지 않을 것"이라고 내다봤다.

인텔은 끊임없이 새 사업을 찾으며 현재의 지위를 잃지 않으려고 애쓰고 있다. 회심의 무기는 '3D 크로스포인트' 기술을 적용한 메모리반도체다. 인텔은 2015년 데이터센터 사업의 성장성이 크다고 보고 마이크론과 함께 3D 크로스포인트 메모리반도체 기술을 공개했다. 1985년 일본 NEC · 히타치 · 후지쓰에 밀려 철수했다가 30년 만에 메모리 사업 재진출을 선언한 것이다.

3D 크로스포인트는 인텔과 마이크론의 설명상으로는 삼성전자와 SK 하이닉스를 위협하는 획기적인 제품이었다. 전원을 꺼도 데이터가 사라지지 않는 낸드플래시의 특성을 가지면서 대용량을 구현할 수 있고, 성능은 낸드플래시보다 낫다는 게 인텔의 주장이다. 예컨대 데이터에 접근하는 시간이 낸드플래시 대비 1,000배 빠르고 내구성 역시 1,000배 높다고 강조했다. CPU 시장에서 독보적 지위를 확보한 인텔이 새로운 기술 방식의 메모리를 적극적으로 민다면 삼성전자와 SK 하이닉스로선 매출에 상당한 타격을 받을 수도 있다는 우려가 나왔다.

인텔은 이후 3D 크로스포인트 기술을 활용한 '옵테인' 브랜드의 제품을 꾸준히 내놨다. 2020년에도 데이터센터에서 D램을 보완하는 '3세대 옵테인 퍼시스턴트 메모리', 데이터센터용 저장장치인 '옵테인 SSD P5800X', PC용 저장장치인 '옵테인 메모리 H20 SSD' 등을 출시했다. 인텔 관계자는 "메모리에서 데이터를 읽고 쓰다 보면 가비지[21]가 생성된다"며 "메모리 내 용량을 차지하기 때문에 데이터센터의 성능이 떨어진다"라고 설명했다. 이어 "옵테인에선 데이터를 읽고 써도 가비지가 생기지 않기 때문에 이를 탑재한 데이터센터는 성능이 저하되지 않는다"라고 덧붙였다.

인텔은 2020년 SK하이닉스에 낸드플래시 사업부를 90억 달러에 매각하면서도 옵테인 사업은 남겨뒀다. 옵테인 사업도 매각 협상 테이블에 오르긴 했지만 최종 계약서엔 포함되지 않았다. 인텔이 옵테인 개발 및 양산에 많은 시간과 돈을 투자한 영향이란 분석이 나왔다.

최근 인텔의 행보를 보면 옵테인 관련 사업에 좀더 힘을 쏟는 분위기다. 2020년 12월 인텔은 옵테인그룹을 만들고 수장에 알페르 일크바하르 데이터 플랫폼 그룹 겸 메모리·스토리지 그룹 부사장을 앉혔다. 메모리·스토리지 그룹을 총괄했던 롭 크룩 인텔 수석부사장은 낸드 부문 매각 종료와 함께 SK하이닉

---

21 garbage. 불용 정보. 기억장치에 남아 있는 쓸모없는 정보.

스로 자리를 옮길 예정이다.

인텔은 옵테인 SSD에 낸드플래시가 들어가기 때문에 낸드 사업 매각 이후에도 SK하이닉스와 협력을 계속해나갈 수 있다는 입장이다. 인텔 관계자는 "옵테인은 기본적으로 퍼시스턴트 메모리(persistent memory)로 D램을 확장하기 위한 것"이라며 "QLC 및 낸드플래시 등에서 SK하이닉스와 계속해서 협력할 수 있다고 본다"라고 말했다.

어려움이 없는 건 아니다. 굳이 D램과 낸드플래시가 아닌 옵테인을 써야 하는 이유가 확실하지 않다는 것이다. 인텔과 3D 크로스포인트 사업을 함께했던 마이크론이 2021년 3월 관련 사업을 포기하고 유타주의 관련 공장을 매각한다고 발표한 것이 대표적인 사례다. 당시 〈블룸버그〉는 "관련 사업을 포기함으로써 개발 지속에 따른 비용을 절감하게 될 것"이라며 "비용 절감분을 다른 곳에 투자할 것"이라고 보도했다. 그러면서 "인텔은 3D 엑스포인트를 메모리 칩의 주류로 만들어 한때 시장을 장악했던 옛 영향력을 되찾고자 했다"며 "마이크론의 결정은 이 같은 시도에 타격을 준 셈"이라고 분석했다. 인텔은 성명을 내고 "마이크론의 발표로 인해 옵테인 제품 전략이나 해당 제품에 대한 회사의 공급 능력이 달라지는 것은 아니다"라고 반박했다.

바이든 정부가 자국 반도체 산업 육성에 힘을 쏟고 있는 것도 인텔에는 천우신조다. 미국 정부가 반도체 기업의 투자에 대해 막대한 보조금을 약속하자 인텔이 '행동대장'처럼 움직이고 있다. 조 바이든 미국 대통령은 반도체 화상회의에서 웨이퍼를 들고 흔들며 "반도체는 인프라다. 우리는 어제의 인프라를 수리하는 것이 아니라 오늘의 인프라를 구축할 필요가 있다"라고 말했다. 또 "반도체 투자가 미국 일자리 계획의 핵심이다"라고도 말했다. 글로벌 기업들을 향해 반도체 분야에 대한 공격적인 투자를 요청한 것이다.

인텔이 즉각 반응했다. 팻 겔싱어 인텔 CEO는 "전 세계적으로 공급 부족 사태를 빚고 있는 차량용 반도체 제조에 인텔이 직접 나서겠다"며 "앞으로 6~9개월 내에 실제 반도체를 생산한다는 목표로 차량용 반도체 설계 업체와 협의를 진행하겠다"라고 했다. 파운드리 200억 달러 투자도 이런 차원에서 결정됐다.

인텔은 정부에 노골적으로 보조금을 요청했다. 조지 데이비스 인텔 CFO는 2021년 3월 미국 상원 재무위원회에 출석해 "국가안보와 밀접한 관련이 있는 첨단 마이크로 프로세싱 칩을 생산하기 위해 민주당, 공화당을 막론하고 의원들이 보조금, 세액공제 등 모든 수단을 검토해야 한다"라고 말했다. 파운드리 투자를 발표할 때도 마찬가지였다. 앞서 언급했듯이, 제프 리트너 CGO의 별도 성명을 함께 공개하면서 투자비 지원을 요구했다.

팻 겔싱어는 인텔의 희망이다. 2021년 2월 CEO로 취임하며 흔들리는 인텔의 구원투수로 나섰다. 겔싱어는 1979년부터 30년간 인텔에서 근무한 최고 엔지니어로 CTO(최고기술책임자)를 역임했다. 그의 CEO 취임은 재무 라인 출신 CEO 때문에 인텔의 기술력이 약해졌다는 비판을 불식시키기 위한 결정으로 풀이됐다.

겔싱어는 취임 한 달 뒤 기자간담회에서 "인텔이 돌아왔다"라고 선언했다. 그리고 'IDM 2.0'이라 이름 붙인 경영 전략을 공개했다. 핵심은 자사 기술의 개선이다. 겔싱어는 "7나노미터 기반 CPU를 2023년부터 생산할 것"이라고 밝혔다. 핵심 제품인 CPU에 대해선 자체 생산한다는 기조를 확실히 한 것이다. 비핵심 칩에 대해선 외부 파운드리를 활용하겠다는 점도 시사했다. 이를 겔싱어는 'co-op-petition(협력과 경쟁의 합성어)'이라고 불렀다. 그는 "인텔은 고객으로서 그들과 강력한 파트너십을 갖겠지만 어떤 경우엔 경쟁할 것"이라고 밝혔다.

그의 경영 전략은 조직 개편을 통해 가시화됐다. 데이터센터, GPU, 소프트웨어 등의 경쟁력을 강화하는 게 주요 내용이다. '소프트웨어 및 고급 기술' 그룹과 '가속 컴퓨팅 시스템 및 그래픽' 그룹이 신설됐다. 그래픽 그룹의 목적은 엔비디아와 AMD의 GPU 추격이다. 인텔 GPU 프로젝트를 이끌고 있는 라자 코두리가 총괄한다. 코두리는 AMD 출신으로 삼성전자와의 관계가 돈독하다. 2019년 삼성전자 반도체 사업장을 방문하기도 했다. 기존의 데이터 플랫폼 그룹은 '데이터센터 및 AI' 그룹과 '네트워크 및 에지' 그룹으로 분리됐다. 새로운 그룹 리더들은 대부분 겔싱어와 같은 엔지니어 출신이다. CEO가 인텔을 기술 중심 기업으로 이끌겠다는 뜻을 다시 한번 분명히 드러낸 것이다.

떠오르는 신흥 강자들의 도전장

○

흔들리는 인텔의 이면엔 신흥 강자들의 부상이 있다. 엔비디아가 대표적이다. 엔비디아는 대만계 미국인 젠슨 황이 1993년 미국에서 창업했다. 1990년대 후반 주력 제품을 CPU에서 게임용 GPU로 바꾸고 성장가도를 달렸다. GPU의 대명사가 된 '지포스' 시리즈가 대표 제품이다.

엔비디아엔 운도 따랐다. 2010년대 들어 AI가 전면에 떠오르면서 GPU가 더욱 주목받게 된 것이다. 단순한 계산을 동시에 진행하는 데 능한 GPU는 복잡한 계산을 순서대로 처리하는 CPU보다 AI 기술에 적합하다는 평가를 받고 있다. 엔비디아는 이에 따라 'GPGPU'라는 제품을 공개했다. AI의 핵심은 딥러닝에 필수적인 반도체다. 2016년 한국을 뒤흔든 구글의 AI

소프트웨어 '알파고'에도 엔비디아 GPU가 들어갔다. 2017년 엔 세계 최대 가전·IT 전시회인 CES에서 젠슨 황이 기조연설을 맡았다. 글로벌 IT 산업 한가운데 서게 된 것이다.

실적도 계속 증가했다. 2017회계연도(2016년 2월~2017년 1월) 에 엔비디아는 매출 69억 1,000만 달러, 순이익 16억 6,600만 달러를 기록했다. 전년 대비 매출은 38%, 순이익은 171% 증가했다. 2018회계연도와 2019회계연도엔 매출이 각각 41%, 21% 증가했다. AI 기술이 발전하면서 엔비디아는 더욱 주목받았다. 2021년 상반기 말 기준 시가총액이 4,990억 6,000만 달러로 반도체 기업 중 세계 2위다. 엔비디아 앞엔 TSMC(6,235억 2,000만 달러)밖에 없다. 삼성전자(4,816억 7,000만 달러)도 제쳤다.

엔비디아는 ARM 인수로 또 한 번의 도약을 준비하고 있다. 매출 성장률이 둔화되고 있다는 지적이 나오는 상황에서 젠슨 황이 승부수를 던진 것이다. 엔비디아는 2020년 9월 ARM을 400억 달러에 인수하는 계약을 ARM의 최대주주인 소프트뱅크와 체결했다. 2016년 ARM을 320억 달러에 인수했던 손정의 소프트뱅크 회장은 80억 달러에 달하는 차익을 거뒀다. 젠슨 황은 이날 "ARM 인수가 AI 시대에 엄청난 입지를 다지는 기회가 될 것"이라고 말했다.

반도체 업계에선 엔비디아와 ARM의 M&A로 인텔에 필적하는 '반도체 공룡'이 탄생했다는 분석이 나온다. ARM은 반도체 업계에서 '팹리스의 팹리스'로 통하는 기업으로, 애플·퀄컴·삼성전자 등이 ARM에 로열티를 주고 설계도를 받아 쓴다. AP만 하더라도 95%가 ARM의 설계도를 활용한다.

ARM은 서버용 반도체, AI 반도체도 설계한다. 엔비디아는 ARM 인수를 통해 AI용 CPU와 GPU를 아우르는 반도체 포트폴리오를 모두 갖추게 됐다. 〈파이낸셜타임즈〉는 "엔비디아가 ARM 인수를 통해 인텔이 과거 누렸던 확고한 파워를 갖게 될 것"이라고 분석했다.

자일링스 인수로 몸집 키운 AMD

○

CPU·GPU 전문 업체로, 인텔과 엔비디아의 경쟁자로 꼽히는 AMD도 가만있지 않았다. 자일링스 인수에 나선 것이다. 인수 목적으로는 데이터센터용 제품의 경쟁력 강화가 꼽힌다. AMD는 1969년 설립된 미국의 대표적인 팹리스 중 한 곳이다. CPU 분야에선 인텔, GPU와 관련해선 엔비디아 등과 경쟁한다. 불과 10년 전까지만 해도 회사의 생존을 걱정해야 할 정도로 사세가 위축됐다. 2000년대 중반 경쟁사 인텔의 '코어2 프로세서'에 밀린 상황에서 2011년 '불도저'라는 아키텍처 기반의 신제품을 출시했지만, 발열 때문에 고객의 외면을 받았다. 2012년엔 순손실만 11억 8,000만 달러를 기록했다.

　이때 구원투수로 등판한 사람이 리사 수 박사다. 리사 수는 대만 출신으로 MIT에서 전기공학을 전공하고 IBM에서 일하며 족적을 남겼다. 2012년 총괄부사장으로 AMD에 합류한 뒤 2014년 말 CEO에 취임했다. 리사 수는 생존을 위해 경쟁 업체들이 눈여겨보지 않던 게임용 반도체 시장에 주력했다. 엑스박스로 유명한 마이크로소프트, 플레이스테이션의 소니에 납품하며 AMD의 매출과 이익을 끌어올렸다. 여기서 번 돈을 본업인 CPU의 경쟁력 향상에 쏟아부었다.

　절치부심 끝에 나온 제품이 2017년 공개된 1세대 라이젠(RYZEN) CPU다. 당시 인텔의 일반 PC용 CPU는 4코어 수준이었지만 AMD는 최대 8코어 제품을 내세웠다. CPU 성능의 핵심인 코어 수를 최대 8개로 끌어올리면서 멀티태스킹에서 유리한 고지를 차지했다. 가격도 인텔 제품보다 비싸지 않았다. AMD는 라이젠 2세대, 3세대 제품을 계속 출시하며 성공가도를 달렸다. 2021년에는 4세대 '5000' 시리즈를 공개하며 인텔을 몰아붙이고 있다. 8% 수준이었던 PC용 CPU 글로벌 점유율이 현재 20% 수준까지 올라왔다.

　이 밖에 서버용 CPU인 '에픽' 시리즈와 GPU '라데온'을 통해서도 점유율 확대에 적극적으로 나서고 있다. AMD의 2021년 2분기 매출은 전년 동기 대비 26% 증가한 19억 3,000만 달러였고 순이익은 1억 5,700만 달러를 기록했다. 최근엔 ARM이 장악하고 있는 스마트폰용 GPU 시장도 겨냥하고 있다.

리사 수 CEO는 2021년 6월 대만 컴퓨텍스 기조강연을 통해 "자동차와 모바일 시장을 선도하는 테슬라모터스와 삼성전자에 컴퓨팅·그래픽 기술을 제공했다"며 "라이젠 프로세서와 라데온 그래픽카드 등 AMD의 생태계를 계속 확장하겠다"라고 말했다. AMD의 RDNA GPU 아키텍처가 적용된 삼성전자의 스마트폰용 AP '엑시노스 2200'은 2021년 하반기에 출시될 예정이다.

자체 칩 개발 나선 ICT 기업들

○

반도체 사업과 거리가 멀었던 ICT 공룡들도 반도체 자체(독자) 개발에 나섰다. 구글, 아마존, 메타(구 페이스북) 등이 그 주인공이다. 자사 기기에 최적화된 반도체를 스스로 개발해 제품의 성능을 끌어올리기 위해서다. 인텔 같은 반도체 업체의 제품 개발 스케줄에 얽매이지 않겠다는 의지도 담겨 있다.

이런 움직임을 가장 먼저 본격화한 곳이 애플이다. 애플은 아이폰에 들어가는 AP 'A' 시리즈를 2000년대 중반부터 자체 개발했다. 성능도 인정받고 있다. 애플 아이폰12에 들어가는

'A14 바이오닉' 칩은 경쟁 제품인 스냅드래곤(퀄컴), 엑시노스(삼성전자)보다 뛰어나다는 평가도 나온다.

자신감을 얻은 애플은 2020년부터 맥북에도 자체 개발한 반도체인 M1 칩을 넣고 있다. 인텔의 CPU에서 독립하여 맥에 최적화된 프로세서를 개발해 성능을 끌어올리기 위해서다. 애플의 성공을 지켜본 ICT 업체들이 너도나도 반도체 독자 개발에 욕심을 내고 있다. 최근엔 중국 ICT 업체들까지 동참했다. '중국의 구글'로 불리는 바이두에 이어 동영상 플랫폼 '틱톡'으로 유명한 바이트댄스도 반도체 사업 진출을 모색 중이다. 바이트댄스는 최근 서버용 반도체 중심으로 개발 인력을 모집 중인 것으로 알려졌다

사실 반도체 개발이 쉬운 일은 아니다. 축적된 기술 개발 노하우와 전문 인력, 대규모 지원이 필수적이다. 구글, 아마존, 바이두 같은 ICT 기업들은 자금력은 충분하지만 반도체 설계·제작 기술이 부족하다. 자사 제품과 서비스에 특화된 칩을 만들고 싶어도 독자적으로 진행하기엔 역량이 부족한 상황이라고 평가된다.

과거 애플도 상황이 비슷했는데, 애플은 삼성전자를 택했다. 2000년대 초반 아이폰 출시를 구상하고 있던 스티브 잡스와 당시 삼성전자 반도체 사업을 이끌었던 황창규 전 삼성전자 사장이 '아이폰 AP 공동 개발', '삼성전자가 애플에 AP 전량 공급'

계약을 맺었다. 이후 2007년 1세대 아이폰 AP부터 아이폰4S에 들어간 AP인 'A5'까진 두 회사가 사실상 함께 만든 것이다. 생산은 전량 삼성전자 파운드리 공장에서 이뤄졌다. 선물을 주고받은 것이다.

이런 이유로 구글 등의 반도체 개발에 도움을 줄 수 있는 업체로 삼성전자가 꼽힌다. 삼성전자는 종합 반도체 기업이다. 시스템반도체의 설계를 담당하는 시스템LSI 사업부와 제작을 맡는 파운드리 사업부를 갖추고 있다. 대만 TSMC 같은 파운드리 업체들도 생산뿐만 아니라 설계·디자인 등의 경험과 노하우를 고객사에 제공하곤 있지만, 설계에 특화된 삼성전자 시스템LSI 사업부보다 낫다고 볼 수 없다는 게 업계의 평가다.

삼성전자가 구글, 아마존, 바이두 등과 직접적으로 경쟁하지 않는 것도 고객 맞춤형 설계 사업 진출에 긍정적인 요인으로 평가된다. 삼성전자의 주력 제품은 D램, 낸드플래시 등 메모리반도체다. 구글 등 ICT 업체들이 개발하려고 하는 서버용 칩, AI 칩 등을 보완하는 성격이 강하다. 고성능 AI 칩이 나오면 이를 뒷받침하기 위해 더 많은 메모리반도체가 필요해진다. 삼성전자 입장에선 윈윈이다.

삼성전자의 또 다른 주력 사업인 파운드리도 직접적인 수혜를 볼 수 있다. ICT 업체들은 반도체 생산 공장이 없어 자체 개발한 칩을 생산할 파운드리 업체를 필요로 하기 때문이다. 칩의 설계와 생산은 유기적으로 연결돼 있다. 삼성전자가 설계에 도움을 주면 자연스럽게 생산(파운드리)까지 협업할 가능성이 크다.

일각에선 우려도 나온다. 비반도체 기업들의 반도체 산업 진출이 삼성전자, 인텔 같은 기존 반도체 업체의 시장을 잠식하고 실적을 감소시킬 것이란 점에서다. 대부분의 반도체 업체가 AI 반도체 시장을 놓고 치열한 경쟁을 벌이는 상황에서 중장기적으론 삼성전자에 부메랑이 돼 돌아올 것이란 주장도 있다.

이런 우려에도 불구하고 삼성전자는 반도체를 고객 맞춤형으로 설계해주는 사업을 확장하고 있다. 현재까지는 고객사의 주문을 받아 반도체를 만들어주는 파운드리 사업을 집중적으로 육성했는데, 앞으론 고객 맞춤형 반도체를 설계하는 사업에도 적극적으로 뛰어들겠다는 것이다. 삼성전자는 최근 공시한 사업보고서에서 "Custom SoC(고객 특화 반도체) 등 신규 사업을 확장하겠다"라고 선언했다.

짚어보기

암페어컴퓨팅이 비즈니스 테이블에 함께하게 된 이유

:

2021년 5월 21일(현지 시각) 오전 9시 미국 워싱턴DC 상무부에서 한·미 비즈니스 라운드 테이블이 열렸다. 문재인 대통령이 참석해 한국과 미국 경제·산업계의 긴밀한 협력 필요성을 강조했다. 한국 기업인 중에선 최태원 SK그룹 회장, 김기남 삼성전자 부회장, 공영운 현대자동차 사장, 김종현 LG에너지솔루션 사장, 존 림 삼성바이오로직스 사장, 안재용 SK바이오사이언스 사장이 참석했다. 미국 쪽에선 지나 러몬도 상무부 장관과 스티브 몰렌코프 퀄컴 사장, 스티브 키퍼 GM 인터내셔널 대표, 스탠리 어크 노바백스 대표, 에드워드 브린 듀폰 대표 등이 참석했다.

한국·미국의 쟁쟁한 글로벌 기업들 사이에서 다소 생소한 미국 기업이 테이블에 앉았다. 바로 암페어컴퓨팅이다. 2017년 9월 미국 캘리포니아주 실리콘밸리에 설립된 회사로, 서버용 CPU를 설계·판매하는 팹리스다. 창업 당시 글로벌 사모투자

펀드(PEF) 칼라일그룹과 영국의 반도체 설계 업체 ARM의 투자를 받아 화제가 됐다. 비상장사라 정확한 실적은 공개되지 않았지만, 업계에선 300명 정도의 임직원이 300억 원 정도의 연매출을 올리고 있는 것으로 추정한다.

암페어컴퓨팅은 ARM의 아키텍처(설계도)를 활용해 서버용 CPU를 설계·판매한다. ARM의 아키텍처는 단순하고 절전 능력에 강점을 가진 RISC(Reduced Instruction Set Computer) 방식이다. 복잡한 명령어 세트인 인텔의 X86 아키텍처를 활용한 CPU와는 차별성이 있다.

퀄컴, 삼성전자 등의 스마트폰 AP, 애플의 M1 칩 등에 주로 활용되는 ARM 아키텍처를 서버용 CPU에 도입했다는 점에서 반도체 업계에선 '새로운 도전'이란 평가가 나온다. 암페어컴퓨팅도 홈페이지를 통해 "고성능, 고효율, 저비용 서버용 칩의 새로운 표준을 제공한다"라고 밝혔다. 최근 암페어컴퓨팅은 미국 마이크로소프트와 중국 텐센트, 바이트댄스 등에 칩을 납품 중이라고 발표했다.

신제품 출시 때도 인텔이나 AMD에 대한 도전 의사를 숨기지 않는다. 2020년 3월 서버용 'Altra Arm CPU'를 출시했을 때 "AMD의 'EPYC 7002 Rome' 시리즈, 인텔의 '2세대 Xeon

Scalable Refresh'와 정면 대결할 것"이라고 발표했다. 창업자 겸 CEO는 르네 제임스다. 1965년생으로 인텔에서 소프트웨어 담당 부사장을 역임한 뒤 2013년 5월부터 2016년 1월까지 인텔 사장으로서 글로벌 운영 등을 맡았다.

일반인에게 무명에 가까운 미국 반도체 팹리스가 한·미 비즈니스 라운드 테이블에 앉은 이유가 뭘까? 반도체 업계에선 삼성전자와 연관이 있다는 분석이 나온다. 김기남 삼성전자 부회장은 이날 "170억 달러를 투자해 미국에 파운드리 공장을 짓겠다"라고 발표했다. 여러 후보지를 놓고 검토하다가 2021년 11월 텍사스주 테일러시로 최종 확정했다. 20204년 하반기에 가동할 계획이며, 선폭 5나노미터 이하 최첨단 라인이 들어설 것으로 예상된다.

미국에 삼성전자의 최신 파운드리 공장이 들어서면 퀄컴, 엔비디아, AMD와 같은 미국의 대형 팹리스들과 구글, 테슬라, 메타 등 '자체 칩 개발'을 선언한 글로벌 기업들이 주요 타깃 고객사가 될 것이다. 하지만 삼성전자 파운드리 사업부 입장에선 암페어컴퓨팅 같은 유망 중소형 팹리스들의 주문도 무시할 수 없다. 성장 가능성이 작지 않아서다.

현재 대만 TSMC의 7나노미터 공정에서 칩을 생산 중인 것으로 알려진 암페어컴퓨팅은 최근 "2022년 이후엔 5나노미터 공정에서 칩을 생산할 것"이라고 발표했다. 미국 투자 계획이 확정된 삼성전자 파운드리 공장의 고객이 될 가능성이 작지 않다. 반도체 업계 관계자는 "미국 정부가 삼성전자의 고객이 될 수 있는 자국의 첨단 팹리스라는 상징성 때문에 암페어컴퓨팅을 비즈니스 테이블에 앉힌 것 같다"라고 평가했다.

한국의 미래를 짊어진
삼성전자와 SK하이닉스

삼성전자, 위기인가

○

삼성전자는 D램 사업에서 2020년까지 29년째 세계 1위 자리를 지켰다. 낸드플래시도 20년 가까이 1위 자리를 놓친 적이 없다. 2019년부턴 파운드리에도 적극적으로 투자하고 있다.

반도체 사업의 경쟁력은 크게 세 가지 관점에서 살펴볼 수 있다. 첫째 수율이 얼마나 높은지, 둘째 연 10조 원이 넘는 규모의 투자를 꾸준히 단행할 수 있는지, 셋째 최첨단 기술을 가장 먼저 개발하고 제품 양산에 적용할 수 있는지다. 삼성전자 반도체, 특히 메모리반도체 사업의 성공은 세 가지가 어우러져서 시너지를 낸 덕이다.

그런데 2020년 하반기부터 최첨단 기술 측면에서 삼성전자가 경쟁 업체들에 밀리는 모습이 종종 목격되고 있다. 먼저 D램이다. 미국 메모리반도체 업체 마이크론이 도발을 시작했다. 마이크론은 2021년 1월에 1a D램을 양산했다고 깜짝 선언했다. 세계 최초로 최신 제품을 공개한 것이다.

D램 시장에서는 삼성전자가 40%, SK하이닉스가 30%, 마이크론이 20% 정도의 점유율을 갖고 있다. 기술 경쟁은 선폭 10나노미터대에 접어들었다. 선폭은 반도체 업체의 기술력을 나타내는 대표적인 척도로 꼽힌다. 선폭이 좁을수록 작고 전력 효율성이 높은 반도체를 만들 수 있다.

업체들은 과도한 기술 경쟁을 피하기 위해서 10나노 후반은 1x, 그다음은 1y, 그다음은 1z라고 하고 이후에 1a, b, c… 식으로 이름을 붙이기로 했다. 현재 삼성전자와 SK하이닉스의 주력 제품은 10나노 3세대를 뜻하는 1z다. 그런데 1z보다 한 단계 업그레이드된, 선폭이 더 좁은 1a D램을 마이크론이 세계 최초로 개발했다고 발표했다. 마이크론과 삼성과의 초미세 반도체 기술 격차가 2년 안팎이었는데 단숨에 좁혀진 것이다.

처음엔 마이크론의 1a D램 개발 소식에 '가짜다'라는 얘기까지 나왔다. 이에 2021년 6월 산제이 메로트라 마이크론 CEO가 대만의 테크 행사에서 직접 "LPDDR4x(모바일용) 1a D램의 양산을 시작했다"며 "1a D램에 기반한 DDR4는 AMD 서버용 프로세서 3세대 에픽을 포함한 최신 데이터센터와 호환 인증을 마쳤다. 그리고 대만 PC 기업 '에이서'의 제품에도 장착하기로 했다"라고 공식 발표했다.

삼성전자의 최첨단 D램 기술력이 마이크론에 따라잡힌 것일까? 숫자만 보면 일단 그렇다. 1a, 4세대 D램은 마이크론이 가장 먼저 개발하고 양산한 셈이 됐다.

하지만 삼성전자에도 사정이 있다. 삼성전자는 경기 평택 공장에서 1z, 3세대 10나노 D램(15나노미터)에 EUV 장비를 적용해 제품을 양산하고 있다. EUV 장비는 파운드리 공정에 쓰이는 노광장비로 멀티 패터닝, 즉 웨이퍼에 회로를 새기는 작업을 줄일 수 있다. 작업이 줄어드는 만큼 D램 생산 효율성이 높아진다. 삼성전자가 D램 양산에 활용하지 않았던 장비를 1z D램 개발부터 적용하느라 1a D램 양산도 다소 늦어졌다는 얘기다. 삼성전자 경영진이 1a D램을 서둘러서 개발하고 양산하는 것보다 1z D램 양산에 EUV 장비를 투입해 이익률을 높이는 게 유리하다고 판단한 것이다.

결론적으로 삼성전자의 입장이 '1a D램 양산 시점에 신경 쓰지 않겠다. 내실을 다지겠다'라는 것으로 볼 수 있다. 2021년 말까지 EUV 장비를 적용한 14나노미터 D램(1a D램)을 공개할 계획이다. 마이크론도 어차피 EUV 노광장비를 활용한 D램 공정을 언젠가는 도입해야 한다. 업계에선 마이크론도 EUV 장비를 본격 도입하면 기술 개발에 어려움을 겪을 것이란 분석이 나온다. 장기적 레이스 관점에서 삼성전자가 '먼저 뺨을 맞은 것이다'라는 얘기도 있다.

삼성전자 내부에선 좀더 투명하게 기술 경쟁을 해야 한다는 분위기도 감지된다. 삼성전자가 "1z는 15나노미터, 1a는 14나노미터"라고 발표한 게 대표적인 사례다. 무슨 뜻이냐면 '우리(삼성전자)가 개발 중인 1a D램은 14나노미터다. 너희(마이크론) 1a 나노는 선폭이 몇이냐, 공개하라'라는 무언의 압박이다. 결국 마이크론의 1a D램 선폭은 14나노미터에 못 미칠 거라는 자신감의 표현으로 평가된다.

낸드플래시도 마찬가지다. 여기에도 마이크론이 등장한다. 낸드 시장 세계 5위권인 마이크론이 2020년 11월 세계 최초로 176단 낸드플래시 반도체를 공개했다. 숫자인 176단은 데이터 저장 공간인 '셀'을 수직으로 176층 쌓았다는 의미다. 적층은 저장 용량과 효율성을 높이는 것으로 낸드플래시 기술력의 척도로 꼽힌다. 초미세 공정이 진전됨에 따라 셀 사이의 간섭 현상이 발생하면서 낸드플래시 개발에선 선폭을 좁히는 것보다 차라리 높게 쌓는 경쟁이 벌어졌다.

여기에 최근 데이터 처리 규모가 커지면서 적층 단수가 높은 고용량 낸드 수요가 늘고 있다. 단수가 높을수록 같은 면적에 고용량을 구현할 수 있다. 쉽게 말해, 건설사가 건물을 고층으로 올릴수록 더 많은 사무공간을 확보할 수 있는 것과 비슷한 이치다. 마이크론은 "176단 제품은 기존 주력 제품인 96단 낸드플래시보다 면적이 30% 줄었고, 데이터 처리(읽기·쓰기) 속도는 35% 이상 향상됐다"라고 강조했다.

삼성전자와 SK하이닉스는 128단 제품이 주력 제품이다. 삼성전자는 2013년 처음으로 24단 3D 낸드를 공개하면서 적층 기술을 도입했다. 원조 기업이 추격자에게 따라잡힌 셈이다. 삼성전자의 자존심이 구겨졌다는 평가가 나왔다.

삼성전자는 정말 경쟁에서 뒤처진 것일까? D램에서 그랬듯이, 숫자만 보면 밀린 게 맞다. 하지만 여기에도 한 가지 고려해야 할 점이 있다. 마이크론의 176단은 두 번 쌓아 올리는 것이다. 예를 들어 88층으로 한 번 쌓고, 88층으로 또 한 번 쌓았다는 의미다. 업계에선 '더블스택'이라고 부른다. 마이크론은 기존 96단도 두 번 쌓았다.

그런데 삼성전자는 128단까지 한 번에 쌓아 올렸다. '싱글스택'이라고 불리는 기술이다. 남들이 두 번 쌓을 걸 한 번에 쌓아 올리니까 비용이 줄었고. 그만큼 돈을 많이 번 것이다. 176단 경쟁에서 삼성이 왜 마이크로보다 늦어졌을까? 176단도 한 번에 쌓아 올리려고 갖은 수를 써서 시도하다가, 결국 포기하고 두 번 쌓는 것으로 바꿔서다. 한 번에 쌓던 걸 두 번 쌓아야 하니까, 공정 개발 등에 시간이 걸릴 수밖에 없다.

삼성전자는 전략을 수정해 더블스택 방식의 176단 낸드를 2021년 말까지 출시할 계획이다. 업계에선 '삼성전자의 전략 수정이 완료됐으니 176단 이후 낸드플래시는 삼성전자가 다시 세계 최초 타이틀을 가져갈 수 있다'라는 전망이 나온다.

마이크론은 1a D램과 관련해선 납품 업체나 개발 스케줄 등을 공개했는데 176단과 관련해선 아직 구체적인 얘기가 없다. 삼성전자와 SK하이닉스 관계자들이 마이크론 176단 낸드를 찾아보려 해도 찾을 수 없다는 얘기도 나온다.

앞서 언급했듯이, 삼성전자의 파운드리 사업은 '20%의 벽'에 막혀 있다. 점유율이 좀처럼 20%를 못 넘고 17~18%를 왔다 갔다 한다. 그래서 혹자들은 '삼성전자 파운드리가 한계에 부딪힌 것 아니냐'라고 얘기한다.

세계 1위 TSMC는 1980년대 중반부터 파운드리란 사업을 만들고 한 우물만 팠다. 삼성전자도 2000년대부터 파운드리 사업을 시작했다고는 하는데 본격적으로 사업을 추진한 건 2010년대 중반 정도다. 쉽게 말해 다윗과 골리앗의 싸움인 것이다.

이런 상황에서 세계 2위를 유지하는 게 용하다는 의견도 있다. 게다가 세계 시장 점유율을 계산할 때는 100나노미터가 넘는 레거시 공정 매출도 다 포함되는데, 삼성전자가 진짜 전력투구하고 있는 건 10나노미터 이하 초미세 공정이다. 7나노미터 공정에서 EUV 노광장비를 가장 먼저 도입하기도 했다. 트렌드포스의 분석에 따르면 이 시장만 놓고 봤을 때 TSMC는 60%, 삼성전자는 40% 정도의 점유율을 기록하고 있다. 삼성전자도 초미세 공정에선 '양강 체제'라고 말할 정도로 자신감을 갖고 있다.

매출을 보면 정체된 상황도 아니다. 예를 들어 2019년에도 점유율이 17%였고 2020년에도 점유율이 17%였는데, 점유율 수치는 같지만 매출은 더 늘었다. 파운드리 시장이 계속 커지고 있어서다. 2019년 15조 원이었던 삼성전자의 파운드리 매출이 2020년엔 17조 원 안팎까지 커진 것으로 추정된다(구체적인 숫자는 공개되지 않았다).

삼성전자 파운드리에 대해 늘 나오는 얘기가 '낮은 수율'이다. '삼성전자 5나노미터 공정 수율이 50% 미만이라 10개를 생산하면 5개는 버려야 한다. 그래서 파운드리가 이익을 못 내고 있고, 고객사에 물량을 못 대기 때문에 고객사가 다 떠나간다'라는 루머가 반도체 업계에서 돌고 있다.

반도체 업계 관계자들은 삼성전자의 초미세 공정 수율이 TSMC보다 낮은 건 사실이라고 얘기한다. 하지만 "35년 동안 한 우물만 판 TSMC와 이제 갓 걸음마를 뗀 삼성전자의 수율이 같을 수가 없다"며 삼성전자를 두둔하는 목소리도 적지 않다. 삼성전자의 수율이 낮아도 사업을 못 할 정도는 아닌 것 같다는 분석도 있다. 정말 삼성전자의 수율이 참혹한 수준으로 낮다면 대형 고객사가 떨어져 나갔어야 하는데 아직까지 퀄컴, 엔비디아가 삼성전자 파운드리와 관계를 끊는다는 얘기는 없다. 일각에선 엔비디아가 TSMC에 물량을 맡긴다는 외신 보도에 대해

"삼성전자가 고객을 잃었다"라고 하는데, 원래 퀄컴과 엔비디아는 TSMC와 삼성전자 파운드리 사업부에 물량을 나눠서 맡겨왔다.

고객사들도 전략적으로 삼성전자를 쓸 필요성이 크다. 현재 TSMC는 시장 점유율이 55% 정도인데, 이 업체가 시장을 70~80%까지 장악한다면 고객사 입장에서도 좋지 않다. 지금도 TSMC 눈치를 보면서 주문을 받아달라고 사정해야 하는데 점유율이 더 올라가면 이른바 'TSMC 판'이 될 수 있어서다. 당연히 가격도 올라갈 것이다.

그래서 의도적으로 삼성전자에 주문을 나눠줄 수밖에 없다. TSMC를 견제하기 위해서다. 삼성전자가 TSMC와 초미세 공정 기술 경쟁을 이어가는 동시에 고객사 수주 실적을 꾸준히 쌓으면 파운드리 시장에서 2위 자리는 놓치지 않을 것이란 전망이 우세하다.

SK하이닉스, 낸드플래시와 SSD로 미래 승부

○

SK하이닉스는 SK그룹에 인수된 이후 승승장구하고 있다. M&A 본능은 지금도 여전하다. 미국 인텔의 낸드 사업부문 전체를 10조 3,000억 원에 인수하는 방안을 추진 중이다. 2020년

10월 20일 SK하이닉스는 인텔과 계약을 체결했다고 발표했다. 인수 부문은 인텔의 SSD 사업부문과 낸드 단품 및 웨이퍼 비즈니스, 중국 다롄 생산시설을 포함한 낸드 사업부문 전체다.

SK하이닉스의 아픈 손가락은 낸드플래시 사업이었다. 2020년 2분기 기준 시장 점유율을 보면 D램 30.1%, 낸드플래시 10.7%다. 이 숫자들은 세계적인 메모리반도체 기업 SK하이닉스가 고민하는 지점을 보여준다. D램 시장에선 세계 1위 삼성전자(시장 점유율 43.5%)와 함께 확실한 양강구도를 형성하고 있지만, 낸드플래시 시장에선 조금 다르다. 2020년 2분기 기준 1위는 삼성전자(31.4%)이고 2위는 일본 키옥시아(17.2%)다. SK하이닉스는 미국 웨스턴디지털(15.2%), 마이크론(11.1%)에 이어 5위권에 머무르고 있다. 이 같은 낸드 사업의 약세를 SK하이닉스는 인텔 인수로 단숨에 극복할 계획이다.

현대전자와 LG반도체의 합병으로 2001년 탄생한 하이닉스 반도체는 2003년 유럽 최대 반도체 기업 ST마이크로와 제휴하여 낸드플래시 사업을 시작했다. 당시 낸드플래시 분야에서는 삼성전자와 도시바가 시장의 80%를 장악하고 있었다. 삼성전자는 1997년부터 낸드플래시 투자를 본격화했다. 2001년 도시바(45%)에 이어 26%의 점유율로 낸드플래시 시장 2위를 차지했다. 2001~2002년 반도체 불황기에도 삼성전자는 투자를 주저하지 않았다. 그에 힘입어 2003년엔 삼성전자가 65%의 점유율로 낸드플래시 세계 1위를 차지했다.

그런 상황이었으니 하이닉스로선 쉽지 않은 경쟁 환경이었다. 그래도 하이닉스의 낸드플래시 사업 진출에 대한 시장의 평가는 우호적이었다. 2004년 1월 증권사들은 하이닉스에 대해 '매수' 의견을 담은 보고서를 내며 "구조적인 안정기에 접어들었다"라는 평가를 제시했다. 외국계 증권사 메릴린치는 "하이닉스의 EBITDA가 1조 6,580억 원으로 설비투자에 소요된 6,600억 원을 포함하여 부채 상환 여력이 충분할 것"이라며 "낸드플래시 관련 ST마이크로, 프로모스 등과 전략적 제휴를 체결한 것도 긍정적"이라고 평가했다.

하이닉스반도체가 2004년 양산을 시작한 첫 낸드플래시 제품

자료: 한경DB

하이닉스도 기대에 부응했다. 2004년 2분기에 낸드플래시의 본격적인 양산이 시작됐다. 그와 동시에 기존 업체들의 견제가 시작됐다. 세계 1위 낸드플래시 업체 삼성전자가 낸드플래시 가격을 낮춘 게 대표적이다. 그해 11월엔 세계 2위 업체 도시바가 "낸드플래시 설계 관련 특허 3건을 침해했다"며 일본 법원에 하이닉스 일본법인을 제소했다. 하지만 하이닉스는 양산 첫해에 낸드플래시 시장 점유율 3.3%를 기록, 성공적으로 안착했다는 평가를 받았다.

낸드플래시는 하이닉스 실적에 효자 노릇을 했다. '아이팟'으로 대표되는 MP3 플레이어의 인기와 USB(휴대용 저장장치) 보급 영향이 컸다. 2005년엔 큰손 애플과 장기 공급 계약을 체결했다. 2010년까지 2억 5,000만 달러 규모의 낸드플래시를 공급하기로 한 것이다. 2005년 낸드플래시 점유율이 12.8%를 기록했고, 언론에선 하이닉스를 삼성전자·도시바와 함께 '낸드 3강'으로 분류했다. 워크아웃 졸업도 가시화됐다. 인텔과 마이크론의 낸드플래시 합작사 설립, 세계 4위 일본 르네사스의 낸드플래시 사업 철수 등 변곡점도 있었다. 가격도 하락과 상승을 거듭했다. 하지만 하이닉스는 2006년 17.7%, 2007년 17.0%의 점유율을 기록하며 세계 3위 자리를 꾸준하게 유지했다.

위기는 2000년대 후반에 찾아왔다. 하이닉스는 2003년 낸드플래시 사업 진출 이후 200mm 웨이퍼 기반 공장에서 제품을 찍어내며 빠른 속도로 점유율을 확대했다. 하지만 그때 삼성전자 등 경쟁 업체들은 웨이퍼 한 장에서 더 많은 반도체를 생산할 수 있는 300mm 웨이퍼 기반 기술을 개발하는 데 한창이었다. 하이닉스는 2006년이 돼서야 300mm 웨이퍼 기반 기술연구소를 열었다. 이 때문에 300mm 공정과 관련해서 한발 늦었다는 평가를 들었다.

2007년 4분기엔 3,180억 원의 영업적자를 기록, 4년 반 동안 이어온 흑자 행진을 마감했다. 전 세계적인 D 램, 낸드플래시 공급 과잉이 발목을 잡았다. 당시 하이닉스의 D 램 출하량은 전 분기 대비 7% 늘었지만 평균 판매 가격은 35%나 떨어졌다. 낸드플래시 역시 57나노 양산 개시와 D 램 라인의 낸드플래시 전환으로 출하량은 43% 급증했지만 판매 가격은 34% 떨어졌다.

이 같은 위기 상황은 투자에 영향을 미쳤다. 하이닉스는 2008년 300mm 생산라인 확장 등에 3조 6,000억 원을 투자하겠다고 밝혔는데, 2007년 4조 8,000억 원보다 25%가 줄어든 수치였다.

가격 급락세가 이어지자 투자가 위축됐다. 수익성이 낮은 기존 200mm 라인의 생산 중단과 300mm 신규 라인의 양산 연기가 이어졌다. 2008년 2월 SK 하이닉스는 콘퍼런스콜에서 "충북 청주 공장 M11 라인의 낸드플래시 양산 시기를 늦추기로 했다"며 "200mm 라인에 대한 추가적인 매각을 검토하기로 했다"라고 발표했다.

그해 4월엔 "청주 낸드 M9 생산라인의 가동을 3분기까지 중단할 계획이고, 300mm 신공장인 M11도 낸드 전용 라인으로 활용하려 했지만 낸드 생산량을 줄이고 D램의 후공정 라인을 넣을 수 있다"라고 밝혔다. 300mm 라인 신규 투자 및 가동은 늦추고 기존 200mm 라인의 생산량은 줄이는 '감산'을 선언한 것이다. 넉 달 뒤인 8월에도 하이닉스가 낸드를 30% 추가 감산했다는 얘기가 흘러나왔다. 그런데 삼성전자는 달랐다. 같은 날 황창규 삼성전자 반도체 총괄 사장은 기자들과 만난 자리에서 감산 계획이 없다고 못 박았다.

하이닉스는 대만 파이슨 지분투자, 뉴모닉스(ST마이크로에서 분사한 플래시메모리 전문 업체)와 전략적 협업 강화 등으로 돌파구를 찾았지만 점유율 하락은 면치 못했다. 2008년엔 낸드플래시 시장 점유율이 8.4%로 곤두박질쳤고, 순손실도 1조 9,000억 원을 기록했다. 2009년에도 점유율 8.6%에 그쳤다. 이때 SK하이닉스는 세계 3위 자리를 마이크론과 인텔의 합작사인 IM플래시에 내주고 말았다.

반도체 업계 관계자는 "하이닉스가 초창기에 200mm 팹을 활용해 빠른 속도로 점유율을 높였으나 금융위기와 치킨게임 등으로 채산성이 떨어진 200mm 팹 가동을 종료하며 점유율이 하락했다"라고 설명했다.

두뇌 역할을 하는 컨트롤러 기술력 등 솔루션 역량 열세

○

하이닉스는 2008년 이후 현재까지 약 12년간 10% 안팎의 점유율을 유지하고 있다. 2012년 SK그룹에 인수된 이후 사명을 SK하이닉스로 바꾼 이후에도 유독 낸드에서는 반등을 못 하고 있다. 낸드플래시 단품 기술력은 세계 1위 삼성전자와 비교해도 크게 떨어지지 않음은 물론 대등하다는 평가까지 나온다. 2020년 6월 세계 최초로 6세대 128단 1Tbit(테라비트) TLC 4D 낸드플래시를 개발, 양산에 나선 게 대표적인 사례다. 2018년 10월 5세대 96단 4D 낸드를 개발한 지 8개월 만에 삼성전자보다 앞서 128단 4D 낸드를 선보인 것이다. 향후 고용량·고사양 시장 선점 가능성이 크다는 평가가 나온다.

약한 고리는 솔루션이다. 과거 낸드플래시는 단품으로 USB나 MP3 등에 들어갔다. 하지만 지금은 상황이 바뀌었다. 단품만 공급되는 게 아니라 낸드플래시의 데이터 처리 순서 등을 결정하는 두뇌 역할의 '컨트롤러'와 컨트롤러를 제어하는 소프트웨어 역할의 '펌웨어'와 함께 솔루션으로 고객사에 제공된다. PC나 서버 등에 저장장치로 들어가는 SSD, 스마트폰이나 태블릿 등 모바일기기 등에 탑재되는 UFS 등 컨트롤러를 탑재한 고부가가치 낸드 솔루션 제품이 시장을 주도하고 있다.

특히 코로나19 사태로 나타난 비대면 라이프 스타일은 SSD

시장의 폭발적인 성장에 기름을 부었다. 데이터 사용량 폭증에 따른 서버용 SSD 수요 증가와 소비자들의 SSD 사용 확대는 앞으로도 가속화할 것으로 예상된다. 재택근무 확산도 SSD 시장 확대에 기여하고 있다. 화상회의, 디자인, 데이터 분석 등의 업무를 집에서 수행하기 위한 업그레이드 수요뿐만 아니라 온라인 수업, 인터넷 쇼핑 등 성장 가능성이 무궁무진하다. 2020년 상반기 전 세계 SSD 시장 규모는 147억 8,600만 달러, 하반기는 177억 9,400만 달러로 추정된다.

SSD 경쟁력의 척도는 컨트롤러로, SSD의 속도를 좌우하는 핵심 기술이다. 예컨대 낸드플래시가 책을 꽂아놓는 서재라면, 컨트롤러는 데이터를 언제 어디에 집어넣고 끄집어낼지를 결정하는 사서 같은 역할을 한다. 또 에러를 수정해주고, 수명을 연장해준다. 삼성전자가 낸드 세계 1위뿐만 아니라 SSD 1위 자리(2019년 기준 세계 시장 점유율 30.5%)를 지키고 있는 것도 컨트롤러에서 경쟁력을 갖추고 있기 때문이다. 삼성전자는 2000년대 초부터 컨트롤러 기술에 투자해 현재 1,000명 이상의 전문 인력이 컨트롤러만 개발하고 있는 것으로 알려졌다.

하이닉스의 실책은 낸드플래시 시장 진출 초기 컨트롤러 등의 기술 개발에 소홀했다는 것이다. 생산능력을 키우고 낸드플래시 단품의 기술력을 높이는 데 주력했지만 솔루션 역량은 따라잡지 못했다. 엎친 데 덮친 격으로 2011년엔 SK하이닉스의 컨트롤러 협력사인 이스라엘의 아노빗을 애플이 인수했다.

SK하이닉스가 마냥 손을 놓고 있었던 건 아니다. 2010년대 들어서부턴 SK하이닉스도 솔루션 경쟁력 강화에 주력해왔다. 특히 SK그룹에 인수돼 자금 동원에 여유가 생기면서 M&A 등에도 적극적으로 나섰다. 2012년 6월 이탈리아 아이디어플래시, 미국 LAMD를 인수한 게 좋은 사례. 2014년 5월엔 미국 바이올린메모리 PCIe 부문을 인수했고, 같은 해 6월엔 벨라루스의 소프텍 펌웨어 사업부를 샀다. 최근 상장을 추진하고 있다는 소식으로 화제가 되고 있는 일본 키옥시아에 2017년 3조 원대 지분투자를 결정한 것도 컨트롤러 기술 협력을 염두에 둔 포석으로 평가된다.

최근 SK하이닉스 안팎에선 SK하이닉스가 삼성전자 등 선두 업체와의 낸드플래시 솔루션 기술 격차를 많이 줄였다는 얘기가 나온다. 펌웨어와 컨트롤러 모두 SK하이닉스가 자체 개발한 제품을 판매하는데, 고객사로부터 긍정적인 평가가 나오고 있다는 것이다. SK하이닉스는 2020년 2분기 실적 관련 콘퍼런스콜에서 "낸드플래시 사업에서 SSD의 출하 비중이 사상 처음 50%에 육박했다"라고 밝혔다.

SSD 시장에서의 점유율도 조금씩 상승 중이다. 시장조사 업체 옴디아에 따르면, 2015년 세계 SSD 시장에서 SK하이닉스의 점유율은 2.52%였다. 2016년(3.33%), 2017년(3.65%),

2018년(4.72%) 등 해를 거듭할수록 점유율이 올라가고 있다 (2019년에는 3.92%로 소폭 후퇴했다). 2021년에는 SSD 점유율이 역대 최고치를 기록할 것이란 관측도 조심스럽게 나오고 있다.

SK하이닉스 경영진도 낸드플래시 사업 경쟁력을 높이기 위해 고민하고, 해결책을 찾고 있다. 여기엔 사외이사들도 동참하고 있다. 2020년 5월 25일 열린 '낸드플래시 반도체 경쟁력 강화 방안'을 주제로 한 경영진과 사외이사 워크숍이 좋은 사례다. CEO인 이석희 사장이 직접 임직원들을 만나 낸드와 솔루션 사업 역할을 강조했는데, 이처럼 역량 강화에 힘쓰는 분위기가 조직 전체로 확산되고 있다. 이 사장은 2020년 2분기 실적 발표 이후 진행된 직원 온라인 미팅에서 낸드 사업의 경쟁력 강화를 주문했다. 이 사장은 미팅에서 "2분기 낸드 사업 중 SSD 비중이 처음으로 50%에 달하는 등 많은 발전이 있었다"며 "앞으로도 데이터센터용 SSD 등 솔루션 제품 경쟁력을 더욱 확보할 수 있도록 노력해달라"라고 당부한 것으로 전해졌다.

외부 고객들로부터도 호평을 받고 있다. 안현 SK하이닉스 낸드 솔루션 담당은 2020년 7월 SK하이닉스 뉴스룸 인터뷰에서 "지난 6월 말 기준 모바일 솔루션에 대한 글로벌 고객, 특히 중화권 고객의 올해 상반기 품질 평가는 업계 선두 수준을 달성했고, SSD 역시 좋은 평가를 받고 있다"며 "솔루션 개발 조직 내에서 전문가와 아키텍트(Architect) 제도를 확대해 SoC, 펌웨어, 검증 분야에서 각각 최고 수준의 전문가를 육성하는 데 총력을 기울이고 있다"라고 말했다.

　낸드플래시 시장에선 SK하이닉스가 단숨에 2위로 뛰어오를 것으로 예상된다. D램 시장처럼 삼성전자에 이어 2위 자리를 꿰차게 되는 것이다. 인텔의 강점인 기업용 SSD 시장에서는 SK하이닉스가 삼성을 제치고 세계 1위로 올라설 것이란 분석도 나온다.

패키징 승부수 띄운 K-반도체

후공정 역량이 관건

○

국내 반도체 기업들은 최근 후공정에 집중하고 있다. SK하이닉스 뉴스룸에 따르면 반도체 원료인 웨이퍼 위에 회로를 형성하는 전공정을 거친 반도체 칩은 패키지와 테스트로 이뤄진 후공정으로 넘어간다. 칩에는 수많은 미세 전기회로가 집적돼 있다. 하지만 그 자체로는 반도체로서의 역할을 수행할 수 없다. 칩이 제 역할을 할 수 있도록 외부와 전기적으로 연결하고, 외부 환경으로부터 보호하는 역할을 하는 패키징 공정을 거쳐야 한다. 반도체가 발산하는 열을 효율적으로 배출하도록 발열을 제어하는 것 역시 패키징 영역이다.

반도체 기술이 고도화되며 제품의 속도가 빨라지고 기능이 많아짐에 따라 열 문제가 점점 더 심각해지고 있다. 그래서 갈수록 반도체 패키지의 냉각 기능이 중요해지고 있다. 또한 칩 속도가 빠르다고 해도 시스템으로 나가는 전기적 연결 통로는 패키지에서 만들어지는 만큼 빨라진 칩의 속도에 대응하기 위해 패키지 역시 빠른 속도로 구현돼야 한다. 따라서 고용량, 초고속, 저전력, 소형화, 고신뢰성 반도체 시장을 위해 최첨단 패키징 기술이 매우 중요하다.

여기에 나노미터 단위의 초미세 공정 기술이 한계에 이르렀다는 평가가 나오고 있어 패키징의 중요성이 더욱 커지고 있다. 여러 반도체가 한 모듈 안에서 안정적으로 성능을 발휘한다면 집적도를 높인 것만큼의 성능 개선 효과를 낼 수 있어서다.

글로벌 패키징 시장의 규모도 커지고 있다. 2010년 400억 달러에 그쳤던 이 시장은 2025년 900억 달러까지 커질 것으로 추정된다. 반도체 기업들은 패키징 기술에 투자를 늘리고 있다. 인텔은 1980년대부터 뉴멕시코주 리오란초 공장에 반도체 패키징 시설을 더해 2022년 말부터 운영하기로 했다. 새로 들어서는 시설에는 서로 다른 공정에서 생산된 반도체를 쌓아 올려 결합하는 기술인 포베로스(FOVEROS)와 평면에서 반도체를 연결하는 EMIB 기술을 접목해 반도체 모듈을 만들어낼 예정이다.

삼성전자는 2018년 말 패키지 제조·연구 조직을 통합해 TSP(테스트&시스템 패키지) 총괄을 신설했고 2019년엔 삼성전기 PLP(패널 레벨 패키지) 사업부를 인수하는 등 패키징 역량 강화에 나서고 있다. 이재용 부회장은 2020년 7월 패키징 기지인 삼성전자 온양 사업장을 방문해 "포스트 코로나 시대를 선점해야 한다. 머뭇거릴 시간이 없다"며 "도전해야 도약할 수 있다. 끊임없이 혁신하자"라고 강조했다.

이후 삼성전자는 패키징에 속도를 내고 있다. 2021년 5월 시스템반도체와 메모리반도체를 하나의 패키지로 묶는 기술인 'I-Cube4(아이큐브4)'를 공개했다. 로직 칩과 메모리반도체인 HBM(High Bandwidth Memory) 칩을 하나의 패키지로 구현하는 기술이다. 로직 칩은 운영체제에 사용되는 반도체로 컴퓨터나 휴대전화의 '뇌'에 해당한다. HBM은 전송 속도를 높인 메모리 칩이다. 성격이 다른 두 반도체가 들어간 아이큐브4는 빅데이터를 다루는 슈퍼컴퓨터, AI 서비스를 제공하는 클라우드 서버 등에 적용할 수 있다.

2020년 8월엔 업계 최초로 7나노미터 EUV 시스템반도체에 3차원 적층 패키지 기술을 적용했다. 전공정을 마친 웨이퍼 상태인 칩 여러 개를 위로 얇게 쌓아서 하나의 반도체를 만드는 기술이다. 칩을 평면이 아닌 위로 여러 층 쌓으면 단위면적당 저장 용량을 극대화할 수 있다. 칩 면적이 줄어들면서 고용량 메모리 솔루션을 장착할 수 있어 고객의 설계 자유도를 높일 수 있다.

강문수 삼성전자 파운드리 사업부 마켓전략팀 전무는 "고성능 컴퓨팅 분야를 중심으로 차세대 패키지 기술의 중요성이 커지고 있다"면서 "아이큐브4 상용화 기술 경쟁력을 기반으로 HBM을 6개, 8개 탑재하는 신기술도 개발해 시장에 선보이겠다"라고 말했다.

SK하이닉스는 전통적인(컨벤셔널) 패키지, TSV, FO-WLP 분야 패키징 경쟁력을 강화하고 있다. 미래 메모리 솔루션의 가치를 높이기 위해서다. 1개의 패키지가 고용량을 구현하기 위해서는 칩을 최대한 얇은 두께로 높이 쌓아 올리는 것이 핵심이며, 이를 위해서는 수준 높은 요소 기술이 뒷받침돼야 한다. SK하이닉스는 현재 메모리 제품의 특성별로 필요한 성능을 최대한으로 끌어올리기 위해 다양한 컨벤셔널 패키지 솔루션을 준비하고 있다.

컴퓨팅 및 그래픽 메모리에서는 빠른 속도뿐 아니라 전력 제어(power control) 기능도 매우 중요하다. 이를 위해 수월한 전력 제어를 위한 방열 솔루션을 준비하고 있다. 속도가 곧 경쟁력인 모바일용 메모리를 위해서 신호 지연(signal delay)이나 용량을 줄이는 와이어본딩 기술을 개발하고 있다.

낸드플래시에선 컨트롤러와 DRAM 조합의 복합 솔루션이 경쟁력을 좌우하는 만큼, 고객에게 다양한 솔루션을 적기에 공급할 수 있도록 요소 기술을 미리 개발해 레고 블록처럼 가져다 쓸 수 있도록 준비하고 있다.

초고속 메모리인 HBM의 경쟁력을 높이기 위해서 SK하이닉스는 TSV[22] 개발에 주력한다. SK하이닉스는 8개의 16Gb DRAM 칩을 TSV 기술로 수직 연결해 이전 세대 대비 2배 이상 늘어난 16GB를 구현했다. TSV는 SK하이닉스가 주력하고 있는 WLP(웨이퍼 레벨 패키지) 기술 중 하나로 업계 최고 수준의 경쟁력을 갖추고 있다는 평가를 받는다.

SK하이닉스는 미래 먹거리 기술로 '팬아웃 웨이퍼 레벨 패키지(FO-WLP)'에 주목하고 있다. 웨이퍼 레벨 패키지는 팬인과 팬아웃으로 분류된다. 두 기술의 공통점은 기판과 같은 매개체 없이 솔더볼(입출력 단자)을 칩 위에 바로 붙여 패키징한다는 것이다. 기판과 연결하는 배선의 길이가 줄어든 만큼 전기적 특성이 향상되거나 패키지 두께를 줄여 칩을 더 많이 적층할 수 있는 장점이 있다. 팬(Fan)은 칩의 크기를 의미한다. 칩과 패키지의 크기가 같고 칩 크기 안에 패키지용 솔더볼이 구현된 것이 팬인(Fan In), 칩보다 패키지가 크고 패키지용 솔더볼이 칩 밖에도 구현된 것이 팬아웃(Fan Out)이다.

칩의 크기가 그대로 패키지의 크기가 되는 '팬인'은 칩이 새로 개발되면 패키지 크기도 변해야 한다. 즉, 패키지 인프라를

---

22 Through Silicon Via. 실리콘관통전극. D램에 미세한 구멍을 뚫어 여러 개를 쌓는 기술.

새롭게 구축해야 하는 단점이 있다. 패키지 솔더볼 배열이 칩 크기보다 커지면 패키지를 만들 수 없다. 웨이퍼를 패키징 공정이 완료된 다음에 절단하기 때문에 불량인 칩들도 패키지해야 한다는 비효율 문제도 있다.

하지만 팬아웃은 먼저 칩들을 자른 다음 후공정을 진행한다. 불량품까지 패키징 공정을 진행할 필요가 없다. 원하는 대로 패키지 크기를 조절할 수 있어 기존의 패키지 테스트 인프라를 쓸 수도 있다. 원하는 패키지 솔더볼 배열을 구현하는 것도 용이하다. 특히 이종 칩과의 수평 연결이 가능해져 서로 다른 칩을 하나의 패키지에 실장할 수 있는 장점도 있다.

팬아웃은 통합칩세트(SoC)와 메모리 등 2종 이상의 반도체 패키징에 활용된다. SK하이닉스는 메모리 제품에 FO-WLP를 활용하는 방안을 우선 검토하고 있다. 이를 통해 동일한 칩을 여러 개 적층하면서 기판을 없애 패키지 크기를 획기적으로 개선하거나 디바이스의 특성을 향상시킬 수 있다. 현재 DRAM이 가진 성능의 한계를 획기적으로 향상시키는 패키지 구조를 구현하는 데 유용할 것으로 예상된다. SK하이닉스 관계자는 "결국엔 메모리와 SoC 등 이기종 디바이스의 직접적인 패키징 기술 개발이나 이를 위한 반도체 생태계 환경에서의 주도적인 참여 등도 가속화할 수 있을 것으로 기대된다"라고 설명했다.

K-반도체의 미래를 위한 정부 지원 확대의 필요성

○

한국 반도체의 미래를 위한 투자도 적극적으로 진행되고 있다. 정부도 나섰다. 문재인 대통령은 2021년 5월 13일 "한반도 중심에 세계 최고 반도체 생산기지를 구축해 글로벌 공급망을 주도해나가겠다"라고 발표했다. 한국이 글로벌 반도체 패권 경쟁에서 주도권을 행사하겠다는 공식 선언이다. 삼성전자·SK하이닉스 등 반도체 기업들이 향후 10년간 총 510조 원 이상을 투자하고, 정부는 세제·금융 지원, 규제 완화 등으로 뒷받침하는 '민관 합동 전략'이 본격 추진된다.

문 대통령은 이날 경기 평택 삼성전자 반도체 3공장 건설 현장에서 열린 'K-반도체 전략 보고대회'에서 "반도체 강국 대한민국의 자부심으로 글로벌 반도체 경쟁에서 반드시 승리하겠다"며 이같이 말했다. 문 대통령은 "민관이 힘을 모은 K-반도체 전략을 통해 글로벌 공급망 재편의 거센 파도를 넘어설 것"이라고 약속했다.

정부가 이날 발표한 K-반도체 전략은 세계 최대 규모 K-반도체 벨트 조성, 반도체 연구개발·시설 투자 세액공제 확대, 1조 원 이상의 반도체 설비투자 특별 자금 신설, 반도체 단지의 10년 치 용수 물량 확보, 10년간 반도체 전문 인력 1,500명 추가 배출, 반도체 특별법 제정 등의 내용을 담고 있다.

삼성전자 평택 3공장에서 열린 'K-반도체 전략 보고대회'

자료: 한경DB

이날 행사에 참석한 김기남 삼성전자 부회장 등 반도체 기업 CEO들도 대규모 투자 계획 발표로 화답했다. 삼성전자·SK하이닉스·네패스 등은 2030년까지 10년간 총 '510조 원+α' 규모의 투자를 단행하겠다고 밝혔다. 삼성전자는 2022년 하반기 세계 최대 반도체 생산라인인 평택 3공장을 완공하고 2030년까지 시스템반도체에 총 171조 원을 투자하기로 했고, SK하이닉스는 파운드리 생산능력을 2배로 확대하기로 했다. 문 대통령은 "선도적인 투자에 나서는 기업들의 도전과 용기에 경의를 표한다"라고 말했다.

정부는 한국 기업들이 글로벌 경쟁에서 뒤처지지 않도록 세제 지원을 늘리기로 했다. 우선 연구개발 비용에 대해 최대 50%까지 세액공제를 해주기로 했다. 현재는 대기업과 중견기업은 30%, 중소기업은 40%가 최고다. 방식은 세액공제 항목에 '핵심 전략 기술'을 신설하는 것이다.

시설 투자 때 세액공제율도 대기업 10%, 중견기업 12%, 중소기업 20% 등으로 높인다. 현재는 최고가 대기업 6%, 중견기업 8%, 중소기업 15% 등이다. 이 역시 핵심 전략 기술 항목을 신설하고, 직전 3년 동안 평균 투자액보다 늘어난 설비투자액은 추가로 4%p 더 세액공제를 하기로 했다. 정부는 조세특례제한법 개정안을 2021년 7월께 국회에 제출하고 국회에서 빨리 통과되면 하반기부터 적용하기로 했다.

하지만 업계에선 시설 투자 때 세액공제는 기대에 미치지 못한다는 반응이다. 반도체 업계는 미국이 40%의 세액공제율을 적용할 방침인 만큼 50%가 필요하다고 요청해왔다. 반도체 기업에서는 설비투자가 연구개발에 대한 투자보다 2~3배 많다. 2020년 삼성전자의 시설 투자는 38조 5,000억 원, 연구개발 투자는 21조 1,000억 원 수준이었다. SK하이닉스는 2020년 시설 투자 9조 9,000억 원, 연구개발 비용 3조 5,000억 원 정도였다.

반도체 업계는 정부가 추후 지원 수준을 더 높일 필요가 있다고 보고 있다. 미국에선 반도체 산업 육성을 위해 국방수권법을 개정하고 '미국 반도체 산업 지원법'이라는 특별법도 발의됐다. 중국은 수년 전부터 정부 차원에서 두 차례에 걸쳐 총 55조 원 규모의 국가 반도체 펀드를 조성하는 등 2025년까지 10년 동안 1조 위안을 투자키로 했다.

2021년 7월 미국 실리콘밸리 특파원으로 부임했다. 샌프란시스코 광역도시권 베이 에어리어 남쪽에 형성된 실리콘밸리는 미국 반도체 기업들의 발원지다. 지금은 구글, 애플, 메타, 테슬라 등 첨단 테크 기업들의 본사로 더욱 유명하다.

반도체 업체들에 대한 기사를 쓴 경험 때문인지 실리콘밸리를 돌아다닐 때마다 반도체 기업의 간판에 눈이 간다. 인텔·엔비디아·AMD·브로드컴의 본사, 마이크론·퀄컴 등의 연구개발센터, 시놉시스·케이던스 등 반도체 설계 툴 기업까지 다양하다.

실리콘밸리를 이루는 주요 도시 산타클라라에 있는 인텔의 본사를 자주 찾는다. 살고 있는 집과 가깝기 때문만은 아니다. 인텔은 '무어의 법칙'으로 유명한 고든 무어, '반도체 기술의 아버지'로 불리는 로버트 노이스 등 창업자들의 흔적을 온전히 보존하고 있다. 미국 반도체 기업의 DNA엔 세계 시장을 호령했던 영광이 새겨져 있는 것이다.

반도체 세계 1등 DNA를 다시 꺼내든 미국의 공세는 더욱 심화되고 있다. 미국 정부가 밀어주는 인텔의 팻 겔싱어 CEO는 하루가 멀다고 각종 콘퍼런스 발언과 언론 인터뷰 등을 통해 아시아 반도체 기업을 노골적으로 공격한다. 미국 파운드리 공장을 검토 중인 삼성전자에 보조금을 지급하면 안 된다는 로비까지 벌인다고 한다.

무서운 점은 아시아에 밀렸다고 주장하는 미국의 반도체 산업과 핵심 기술이 계속 발전하고 있다는 것이다. 스마트폰 기업으로 알려진 애플은 삼성전자, 대만 미디어텍 등 반도체 산업의 터줏대감들보다 뛰어난 반도체 설계 능력을 보유하고 있다. 2021년 9월 실리콘밸리 애플 본사에서 열린 아이폰13 출시 행사에서 애플의 반도체 담당 엔지니어는 "(삼성전자 등) 경쟁사의 통신용 반도체는 애플의 한 세대 전 반도체보다 성능이 떨어진다"며 "(이날 공개한) A15바이오닉 AP는 세계 최고"라고 자랑했다. 그다음 달인 10월에 열린 애플의 실적설명회에서 "애플의 혁신이 사라졌다"라는 지적이 나왔을 때도 팀 쿡 애플 CEO는 "우리의 혁신은 반도체에서 이뤄진다"라고 맞받아쳤다. 그리고 쿡의 대답에 누구도 반론을 제기하지 못했다.

반도체 전쟁은 아직 끝나지 않았다. 향후 3~4년, 아니면 끝이 없는 전쟁이 이어질 수도 있다. 미래는 어떻게 될까? 이렇게 진행되면 몇 년 안에 삼성전자, SK하이닉스가 지금의 위치를 유지할 수 없을 것이란 생각이 든다. 반도체 생산 경쟁력을 되찾기 위한 세계 최강대국 미국의 움직임을 보면 한국 기업들이 위기 상황에 직면했다는 걸 알 수 있다.

미국 실리콘밸리가 그냥 만들어지지 않은 것처럼, 한국 반도체 신화도 저절로 탄생하지 않았다. 기업인들의 과감한 투자 결단, 정부의 든든한 지원, 밤을 새워가며 기술 개발에 몰두한 엔지니어들의 노력, 국민적인 성원이 시너지를 낸 것이다.

전쟁을 주도하는 미국의 본진 한가운데에 삼성전자 반도체 부문과 SK하이닉스 실리콘밸리 법인이 있다. 삼성전자와 SK하이닉스 주차장에 가보면 차들이 많다. 재택근무 때문에 평일에도 텅텅 비어 있는 미국 반도체 기업들과 딴판이다. 많은 직원이 자발적으로 출근해 연구개발, 영업, 마케팅 등 각자 업무를 처리한다고 한다.

이렇게 한국의 반도체인들은 외국에서 사활을 걸고 싸우고 있다. 그런데 국내에선 한국 반도체 기업들에 모래주머니를 채우고 있다. 반도체 기업들은 공장 건설에 대한 다양한 규제와 지역 주민들의 부정적인 민원, 주 52시간 근무제와 최저임금 인상, 대기업에 대한 곱지 않은 여론의 십자포화에 시달리고 있다. 힘을 합쳐도 경쟁이 쉽지 않은 상황에서 뒷다리를 잡고 늘어지는 상황이 안타깝다.

지금은 힘을 합쳐 과거의 신화를 다시 써야 할 때다. 반도체 전쟁의 '패전국'이란 멍에를 후손들에게 물려주는 일은 없어야 하지 않을까.

글로벌 반도체 패권 다툼이 불러올 새로운 미래

반도체 대전 2030

제1판 1쇄 인쇄 | 2021년 12월 20일
제1판 1쇄 발행 | 2021년 12월 27일

지은이 | 황정수
펴낸이 | 유근석
펴낸곳 | 한국경제신문 한경BP
책임편집 | 윤혜림
교정교열 | 공순례
저작권 | 백상아
홍보 | 서은실 · 이여진 · 박도현
마케팅 | 배한일 · 김규형
디자인 | 지소영

주소 | 서울특별시 중구 청파로 463
기획출판팀 | 02-3604-590, 584
영업마케팅팀 | 02-3604-595, 583   FAX | 02-3604-599
H | http://bp.hankyung.com   E | bp@hankyung.com
F | www.facebook.com/hankyungbp
등록 | 제 2-315(1967. 5. 15)

ISBN 978-89-475-4775-8   03320